Loccumer Arbeitskreis für Meditation (Hg.)

Verstehen durch Stille

LOCCUMER BREVIER

Verstehen durch Stille

LOCCUMER BREVIER

IM AUFTRAG DES
LOCCUMER ARBEITSKREISES
FÜR MEDITATION
HERAUSGEGEBEN VON
HEINZ BEHNKEN,
ELISABETH BORRIES,
KURT DANTZER,
JÜRGEN LINNEWEDEL
UND UDO TITGEMEYER

LVH

Herausgeber:
Loccumer Arbeitskreis für Meditation e. V.
Evangelische Akademie Loccum
31547 Rehburg-Loccum

Verstehen durch Stille: Loccumer Brevier/Hrsg.: Loccumer Arbeitskreis für
Meditation. – Hannover: Luth. Verl.-Haus, 2001
ISBN 3-7859-0853-9

© Lutherisches Verlagshaus GmbH, Hannover 2001
2. Auflage der Neuausgabe 2003
Alle Rechte vorbehalten
Umschlaggestaltung/Layout: Peter Albers, Hamburg
unter Verwendung eines Fotos von Klaus Radtke
Satz und Lithographie: KCS GmbH, Buchholz/Hamburg
Typographie: Gesetzt aus der Sh September
Druck und Bindearbeiten: AALEXX – Das Buch Druck Haus, Großburgwedel

Printed in Germany

Inhalt

INHALT

Dies ist ein Brevier von unüblicher Art. Unsere Idee ist: Sie blättern in diesem Buch – und schauen, ob dieser oder jener Text Sie trifft, anrührt, bewegt. Sie selbst finden heraus, was für Sie hilfreich und nützlich ist, an diesem Tag, zu dieser Stunde. Wir hoffen, dass Sie mit Erfolg blättern, dass wir geeignete Texte aufgenommen haben und dass Sie auf solche Sätze oder Worte stoßen, die für Sie persönlich von Gewinn sind. Kostbare Texte gibt es darunter, manche, die einfach schön sind; andere wirken heilsam und tröstlich, heilig und erhaben; wieder andere helfen zum Verstehen, sie klären und deuten, eröffnen neue Horizonte, führen hinein in unbekannte Bereiche, schaffen Weite und Freiheit.

Für dieses neue Loccumer Brevier haben wir zusammengestellt, was uns früher oder auch in jüngster Zeit begegnet ist und uns seitdem begleitet: Erfahrungsberichte, Gedichte, Gebete, Gedanken, die uns und anderen geholfen haben beim Suchen und Fragen auf dem persönlichen Weg. Manche fast schon versunkenen Texte haben wir für uns neu entdeckt und aufgenommen, so aus dem Mittelalter und der frühen Christenheit. Auch ganz zeitnahe, von Trauer erfüllte, kritische, anklagende Texte haben Eingang gefunden. Wir möchten, dass sie Wege zeigen im Engagement und in der Stille. Wir wünschen uns, dass sie sensibel machen im Dialog mit Menschen anderer Konfessionen, Religionen und Kulturen und auch im Wahrnehmen der Natur.

Jedem Kapitel des Buches haben wir ein Wort der Bibel vorangestellt. Die Abschnitte sind in der Regel so geordnet, dass sie mit zeitgenössischen Aussagen beginnen. Danach folgen Texte aus früheren Epochen. Bei der Lektüre wird sich zeigen, dass die meisten der hier aufgeführten Zeugnisse in der Tradition heiliger Schriften stehen und diese – auf ihre je eigene Art – entfalten.

Das Loccumer Brevier erscheint im Lutherischen Verlagshaus in einem neuen Gewand und mit verändertem Titel. Dem Verlag danken wir für die Anregung zu dieser Neuausgabe. Sie brachte uns die

Gelegenheit, alle Texte noch einmal zu überprüfen, uns von manchen zu verabschieden und viele neue Texte aufzunehmen. Mögen
sie wirken.

Loccum, Pfingsten 2001   Die Redaktionsgruppe

Heinz Behnken,
Elisabeth Borries,
Kurt Dantzer,
Jürgen Linnewedel,
Udo Titgemeyer

Genesis 28,16f.

Quam terribilis est locus iste.
Non est hic aliud nisi
domus Dei et porta coeli.
Vere Dominus est in loco isto.

Wie heilig ist diese Stätte!
Hier ist nichts anderes als Gottes Haus,
und hier ist die Pforte des Himmels.
Fürwahr, der Herr ist an dieser Stätte.

*Inschrift über der Tür vom
Kreuzgang in die Kirche*

Loccum

LOCCUM

*Inschrift über dem Eingang
der Evangelischen Akademie Loccum*

In Jesus Christus liegen
verborgen alle Schätze der
Weisheit und der Erkenntnis.

Kolosserbrief 2,3

*Inschriften im Kapitelsaal des Klosters Loccum
(aus der Tradition der Zisterzienser)*

STAT CRUX, DUM VOLVITUR ORBIS
Das Kreuz besteht,
wie auch die Welt sich wandelt.

SAPIENS VERBIS INNOTESCIT PAUCIS
An wenig Worten zeigt sich der Weise.

MODUS DILIGENDI DEUM EST
SINE MODO DILIGERE
Die rechte Weise, Gott zu lieben, ist:
ohne alles Maß ihn lieben.

SILENTIUM NUTRIMENTUM DEVOTIONIS
Die Frömmigkeit nährt sich aus dem Schweigen.

QUANTUM VALET CORAM DEO
TANTUM VALET HOMO
Der Mensch ist so viel wert,
wie er vor Gott wert ist.

OTIOSITAS INIMICA EST ANIMAE
Müßigkeit ist der Feind der Seele.

DEUS NOSTER MAXIMA MANSIO
SPIRITUUM BEATORUM
Gott ist die große Heimstatt der Seligen.

TANTUM DEUS COGNOSCITUR QUAM DILIGITUR
Nur so weit, wie Gott geliebt wird,
wird er erkannt.

Grabstein des Grafen Wulbrand von Hallermund,
Gründer des Klosters Loccum

Seid stille und erkennt,
dass ich Gott bin.

EINKEHR – STILLE – GEBET

Das Gebet beginnt im Schweigen und endet im
Schweigen: der Erfahrung der Gegenwart Gottes.

GERD HEINZ-MOHR

Erst
das Schweigen
tut das Ohr auf

für den inneren Ton
in allen
Dingen

ROMANO GUARDINI

da du alles schon weißt,
mag ich nicht beten –
tief atme ich ein
lang atme ich aus
und siehe:
du lächelst

KURT MARTI

Ich lasse mich dir, heiliger Gott, und bitte dich:
Mach ein Ende aller Unrast.

Meinen Willen lasse ich dir.
Ich glaube nicht mehr, daß ich selbst verantworten kann,
was ich tue und was durch mich geschieht.
Führe du mich und zeige mir deinen Willen.

Meine Gedanken lasse ich dir.
Ich glaube nicht mehr, daß ich so klug bin,
mich selbst zu verstehen,
dieses ganze Leben oder die Menschen.
Lehre mich deine Gedanken denken.

Meine Pläne lasse ich dir.
Ich glaube nicht mehr, daß mein Leben seinen Sinn findet
in dem, was ich erreiche von meinen Plänen.
Ich vertraue mich deinem Plan an,
denn du kennst mich.

Meine Sorgen um andere Menschen lasse ich dir.
Ich glaube nicht mehr,
daß ich mit meinen Sorgen irgend etwas bessere.
Das liegt allein bei dir. Wozu soll ich mich sorgen?

Die Angst vor der Übermacht der anderen lasse ich dir.
Du warst wehrlos zwischen den Mächtigen.
Die Mächtigen sind untergegangen. Du lebst.
Meine Furcht vor meinem eigenen Versagen lasse ich dir.
Ich brauche kein erfolgreicher Mensch zu sein,
wenn ich ein gesegneter Mensch sein soll
nach deinem Willen.

Alle ungelösten Fragen, die Mühe mit mir selbst,
alle verkrampften Hoffnungen lasse ich dir.
Ich gebe es auf, gegen verschlossene Türen zu rennen,
und warte auf dich. Du wirst sie öffnen.

Ich lasse mich dir. Ich gehöre dir, Gott.
Du hast mich in deiner guten Hand. Ich danke dir.

JÖRG ZINK

IN DIR SEIN, GOTT, DAS IST ALLES.

Das ist das Ganze, das Vollkommene, das Heilende.
Die leiblichen Augen schließen,
die Augen des Herzens öffnen
und eintauchen in deine Gegenwart.

Ich hole mich aus aller Zerstreutheit zusammen
und vertraue mich dir an.
Ich lege mich in dich hinein
wie in eine große Hand.

Ich brauche nicht zu reden, damit du mich hörst.
Ich brauche nicht aufzuzählen, was mir fehlt,
ich brauche dich nicht zu erinnern
oder dir zu sagen, was in dieser Welt geschieht
und wozu wir deine Hilfe brauchen.

Ich will nicht den Menschen entfliehen
oder ihnen ausweichen.
Den Lärm und die Unrast will ich nicht hassen.
Ich möchte sie in mein Schweigen aufnehmen
und für dich bereit sein.

Stellvertretend möchte ich schweigen
für die Eiligen, die Zerstreuten, die Lärmenden.
Stellvertretend für alle, die keine Zeit haben.
Mit allen Sinnen und Gedanken warte ich,
bis du da bist.

In dir sein, Gott, das ist alles,
was ich mir erbitte.
Damit habe ich alles erbeten,
was ich brauche für Zeit und Ewigkeit.

JÖRG ZINK

»Die längste Reise
ist die Reise
nach innen«
– Dag Hammarskjöld

Ich sitze hier vor dir, Herr,
aufrecht und entspannt, mit geradem Rückgrat.
Ich lasse mein Gewicht
senkrecht durch meinen Körper
heruntersinken auf den Boden,
auf dem ich sitze.

Ich halte meinen Geist
fest in meinem Körper.
Ich widerstehe seinem Drang,
aus dem Fenster zu entweichen,
an jedem anderen Ort zu sein
als an diesem hier,
in der Zeit nach vorn und hinten
auszuweichen,
um der Gegenwart zu entkommen.
Sanft und fest halte ich meinen Geist dort,
wo mein Körper ist: hier in diesem Raum.

In diesem gegenwärtigen Augenblick
lasse ich alle meine Pläne, Sorgen und Ängste los.
Ich lege sie jetzt in deine Hände, Herr.
Ich lockere den Griff, mit dem ich sie halte,
und lasse sie dir.
Für den Augenblick überlasse ich sie dir.
Ich warte auf dich, passiv und erwartungsvoll.
Du kommst auf mich zu,
und ich lasse mich von dir tragen.

Ich beginne meine Reise nach innen.
Ich reise in mich hinein
zum innersten Kern meines Seins, wo du wohnst.
An diesem tiefsten Punkt meines Wesens
bist du immer schon vor mir da,
schaffst und stärkst ohne Unterlaß
meine ganze Person.

Gott, du bist dynamisch.
Du bist in mir.
Du bist hier.
Du bist jetzt.
Du bist.

Du bist der Grund meines Seins.
Ich lasse los.
Ich sinke und versinke in dir.
Du überflutest mein Wesen.
Du nimmst ganz von mir Besitz.

Ich lasse meinen Atem
zu diesem Gebet der Unterwerfung
unter dich werden.

Mein Atem, mein Ein- und Ausatmen,
ist Ausdruck meines ganzen Wesens.

Ich tue es für dich,
mit dir, in dir.
Ich bin du »geworden«.
Du bist ich »geworden«.
Wir atmen miteinander.

Und nun öffne ich meine Augen,
um dich in der Welt
der Dinge und Menschen zu schauen.
Ich nehme die Verantwortung für meine Zukunft
wieder auf mich.

Ich nehme meine Pläne, meine Sorgen,
meine Ängste wieder auf.
Ich ergreife aufs neue den Pflug,
aber nun weiß ich,
daß deine Hand über der meinen liegt
und ihn mit der meinen ergreift.
Mit neuer Kraft trete ich
die Reise nach außen wieder an,
nicht mehr allein,
sondern mit dem Schöpfer als Partner.

EIN THEOLOGE / SCHOTTLAND

SCHWEIGEN

Nicht nur still werden und den
Lärm abschalten, der mich umgibt.
Nicht nur entspannen und die
Nerven ruhig werden lassen.
Das ist nur Ruhe.
Schweigen ist mehr.
Schweigen heißt: mich loslassen –
nur einen winzigen Augenblick –
verzichten auf mich selbst,
auf meine Wünsche,
auf meine Pläne,
auf meine Sympathien und Abneigungen,
auf meine Schmerzen und meine Freuden –
auf alles, was ich von mir denke
und was ich von anderen halte,
auf alle Verdienste,
auf alle Taten.
Verzichten auch auf das,
was ich nicht getan habe:
auf meine Schuld
und auf alle Schuld der anderen an mir,
auf alles, was in mir Unheil ist.
Verzichten auf mich selbst.
Nur einen Augenblick DU sagen
und GOTT da sein lassen.
Nur einen Augenblick sich lieben lassen –
ohne Vorbehalt,
ohne Zögern,
bedingungslos
und ohne auszuschließen, daß ich nachher brenne.
Das ist Schweigen vor Gott.

Dann ist im Schweigen
Stille
und Reden
und Handeln
und Hoffen
und Lieben
zugleich.
Dann ist Schweigen: Empfangen.
Auf dieses Schweigen weiß ich keine Antwort
als neues Schweigen,
weil Gott größer ist,
weil jede versuchte Antwort zu klein gerät.

Und doch habe ich keine Angst
zu reden
und zu handeln,
weil das Schweigen eines Augenblicks
vor Gott
und mit Gott
und in Gott
die lauten Stunden erlöst.

TAIZÉ

Wir verdanken der Stille Erkenntnisse,
die uns befreit haben,
und Erholung,
die tiefer reichte als ein guter Schlaf.
Wir verdanken ihr Entscheidungen,
die wichtige Weichen stellten.
Wir verdanken ihr Rettung
vor dem Untergang im Geräuschmeer.
Wir verdanken ihr Nachrichten
von uns selbst an uns selbst,
endlich hörbar, ohne den Umweg
über die Ohren.
Wem anders verdanken wir
die kleine Stimme
der Wahrheit,
als

der Stille,
dieser alten,
immer neuen Freundin.

ULRICH SCHAFFER

WENN ICH GANZ STILL BIN

Wenn ich ganz still bin
kann ich von meinem bett aus
das meer rauschen hören
es genügt aber nicht ganz still zu sein
ich muß auch meine gedanken vom land abziehn

Es genügt nicht die gedanken vom festland abzuziehen
ich muß auch das atmen dem meer anpassen
weil ich beim einatmen weniger höre

Es genügt nicht den atem dem meer anzupassen
ich muß auch händen und füßen die ungeduld nehmen

Es genügt nicht hände und füße zu besänftigen
ich muß auch die bilder von mir weggeben

Es genügt nicht die bilder wegzugeben
ich muß auch das müssen lassen

Es genügt nicht das müssen zu lassen
solange ich das ich nicht verlasse

Es genügt nicht das ich zu lassen
ich lerne das fallen

Es genügt nicht zu fallen
aber während ich falle
und mir entsinke
höre ich auf
das meer zu suchen
weil das meer nun
von der küste heraufgekommen
in mein zimmer getreten
um mich ist

Wenn ich ganz still bin

DOROTHEE SÖLLE

ich nehme mir zeit
eine halbe stunde zeit
eine halbe stunde
der stille zu gott

dem die stunden
gehören
die halben
und die ganzen

den versuch ich
zu hören
ihn versuch ich
anzurufen

fast reut mich
die zeit
ich halt sie nicht aus

dein übermaß
an ewigkeit
macht
die zeit mir
lang

RUDOLF BOHREN

SEGENSSPRUCH

Gott ist hinter mir,
denn von ihm komme ich, und er ist mir Rückhalt und
Kraft, die mich stützt.

Gott ist vor mir,
denn von ihm kommt unablässig der Strom der Gaben und
Aufgaben auf mich zu, zumal in den Menschen, die mir
begegnen. Und zu ihm bin ich immer unterwegs; auf ihn
gehe ich zu.

Gott ist unter mir,
denn er trägt mich im Dasein. Ohne ihn würde ich ins
Nichts versinken.

Gott ist über mir;
er sieht mich und lenkt mich und läßt mich den rechten
Weg finden.

Gott ist rings um mich,
denn ich komme mit meinen Fehlern zu ihm. Dann umarmt er mich wie der Vater den verlorenen Sohn und hält
mich fest umfangen.

Gott ist in mir.
Er gibt mir Freude und Frieden in mein Inneres, Liebe und
Geduld, Vertrauen und eine große Erwartung.

NACH PSALM 139

In der Stille, wo dich niemand stört, denke an den Gott, der hinter dir ist und vor dir, unter dir und über dir, rings um dich und in dir, und sprich dabei immer:

»Mein Gott, da bin ich.«

Oder: »Erbarme dich.«

Dann wirst du bald erfahren, was ich erfahre, und wirst nicht nur wissen, wo Gott ist, sondern wie er da ist und was er für uns ist.

KLEMENS TILMANN

Vor dir, Vater,
in Gerechtigkeit und Demut,
mit dir, Bruder,
in Treue und Mut,
in dir, Geist,
in Stille.

Verstehen – durch Stille,
Wirken – aus Stille,
Gewinnen – in Stille.
»Soll das Auge die Farben gewahren, so muß es selber
zuvor aller Farben entkleidet sein.«

DAG HAMMARSKJÖLD

Es liegt im Stillsein eine
wunderbare Macht der Klärung,
der Reinigung, der Sammlung
auf das Wesentliche.

DIETRICH BONHOEFFER

Majuaq war eine greise Eskimofrau. Knud Rasmussen, der Forscher, hatte sie gebeten, ihm aus der Geschichte ihres Stammes zu erzählen. Die alte Majuaq schüttelte den Kopf und sagte: »Da muß ich erst nachdenken, denn wir Alten haben einen Brauch, der Quarrtsiluni heißt.«

»Was ist Quarrtsiluni?«

»Das werde ich dir jetzt erzählen, aber mehr bekommst du heute auch nicht zu hören.«

Und Majuaq erzählte mit großen Handbewegungen: »In alten Tagen feierten wir jeden Herbst große Feste zu Ehren der Seele des Wales, und diese Feste mußten stets mit neuen Liedern eröffnet werden; alte Lieder durften nie gesungen werden, wenn Männer und Frauen tanzten, um den großen Fangtieren zu huldigen. Und da hatten wir den Brauch, daß in jener Zeit, in der die Männer ihre Worte zu diesen Hymnen suchten, alle Lampen ausgelöscht werden mußten. Es sollte dunkel und still im Festhaus sein.

Nichts durfte stören, nichts zerstreuen. In tiefem Schweigen saßen sie in der Dunkelheit und dachten nach, alle Männer, sowohl die alten wie die jungen, ja sogar die kleinsten Knäblein, wenn sie nur eben so groß waren, daß sie sprechen konnten.

Diese Stille war es, die wir Quarrtsiluni nannten. Sie bedeutet, daß man auf etwas wartet, das aufbrechen soll.

Denn unsere Vorväter hatten den Glauben, daß die Gesänge in der Stille geboren werden. Dann entstehen sie im Gemüt der Menschen und steigen herauf wie Blasen aus der Tiefe des Meeres, die Luft suchen, um aufzubrechen. So entstehen die heiligen Gesänge.«

AUS GRÖNLAND

DIE WÖRTER

Wenn lange genug das Schweigen dauert, wenn ich, kleiner werdend, den Kopf schräg halte, den Blick zurücknehme aus dem Fernliegenden, in eine Ecke auf eine Bretterwand richte, wenn nur das alte Holz noch das Auge beschäftigt: Äste, Risse, Maserung, wenn auch diese Namen verklungen sind auf dem Platz, auf den sich mit dem Körper die Sinne begrenzt haben, dann können andere Wörter aufsteigen. Die erscheinen sonst nicht so bildhaft und spürbar. Es sind keine außergewöhnlichen Wörter, keine Erleuchtungen. Es ist nur so, daß in diesem Zustand die Wörter körperlich werden. Sie werden im Inneren von Empfindungen begleitet und bekommen eine Aura, als hätte sich Außerordentliches ereignet. Sie wurden nicht gesucht oder gebraucht. Heute war eines dieser Wörter »bergen«. Es war da auf diese eindrückliche Weise. Und blieb.

HEINZ KATTNER

KRANICHE

Sie gehen
und wissen nichts
vom Menschen

Um sie liegt eine Stille
wie eine Idee
die wir nie

HEINZ KATTNER

Wirk nicht voraus,
sende nicht aus,
steh
herein:

durchgründet vom Nichts,
ledig allen
Gebets,
feinfügig, nach
der Vor-schrift,
unüberholbar,

nehm ich dich auf,
statt aller
Ruhe.

PAUL CELAN

Was ist der Sabbat? Geist in der Gestalt der Zeit. Mit unserem Körper gehören wir dem Raum an; unser Geist, unsere Seele heben sich zur Ewigkeit empor, streben nach dem Heiligen. Der Sabbat ist ein Aufstieg zum Gipfel. Er gibt uns Gelegenheit, die Zeit zu heiligen, das Gute auf die Ebene des Heiligen zu heben, das Heilige zu schauen, indem man sich vom Profanen fernhält.

ABRAHAM J. HESCHEL

Gott 'sagt nicht: »Das ist ein Weg zu mir, das aber nicht«, sondern er sagt: »Alles was du tust, kann ein Weg zu mir sein,
wenn du es nur so tust, daß es dich zu mir führt.«

MARTIN BUBER

O KOMM, GEWALT DER STILLE

Wir sind so sehr verraten,
von jedem Trost entblößt.
In all den schrillen Taten
ist nichts, das uns erlöst.

Wir sind des Fingerzeigens,
der plumpen Worte satt.
Wir woll'n den Klang des Schweigens,
der uns erschaffen hat.

Gewalt und Gier und Wille
der Lärmenden zerschellt.
O komm, Gewalt der Stille,
und wandle du die Welt.

WERNER BERGENGRUEN

KONTEMPLATION IN DER WÜSTE UND AUF DEN STRASSEN

Auf dem Weg der Aktion lernte ich das Phänomen »Bruder« kennen und lernte begreifen, was Kirche bedeuten kann, Volk Gottes auf dem Weg durch die Wüste, immer noch im Vollzug seines Exodus der Befreiung und der inneren Eroberung.

Jene Zeit hat mir eine kostbare Erinnerung zurückgelassen und eine Menge Freunde, die wie ich das Abenteuer der Liebe durchlebt haben.

Dann geriet ich in eine Krise, die in mir die Krise der Kirche vorwegnahm und die sich ungefähr so ausdrücken läßt:
1. Verlangen nach Armut
2. Ablehnung der Macht
3. Unterscheidung zwischen Religion und Politik
4. Unmöglichkeit, das Evangelium mit irgendeiner Ideologie zu identifizieren.

Damals erlebte ich das massivste Eingreifen Gottes in mein Dasein und wurde mir bewußt, wie sehr er in mein Leben eingetreten war.

Als ich ihm Fragen stellte, statt zu antworten, richtete er eine radikale Forderung an mich: »Ich will nicht mehr dein Handeln. Ich will deine Liebe.

Laß alles hinter dir.

Komm mit mir in die Wüste. Ich werde zu deinem Herzen sprechen.«

Und ich ging in die Wüste.

Ohne die Satzungen der Kleinen Brüder gelesen zu haben, trat ich in ihre Kongregation ein.

Ohne Charles de Foucauld zu kennen, folgte ich ihm nach in die Wüste der Sahara.

Hier begann der zweite Abschnitt meines Lebens, das einzigartige Abenteuer der Wüste.

Wüste bedeutet Läuterung, bedeutet Schweigen. Vor allem anderen bedeutet sie Armut.

Als ich von Europa aufgebrochen war, hatte ich alles verlassen. Ich hatte mein Schicksal in die Hände Jesu gelegt, der zu mir sagte: »Verkaufe alles, was du hast, gib es den Armen und folge mir nach.«

Ja, ich hatte alles verkauft, zumindest alles, was einen Verkaufswert hatte.

Indes, ohne mir darüber Gedanken zu machen, hatte ich ein paar dicke theologische Bücher behalten.

Die hatte ich nicht verkauft.

Ich hatte sie in einem großen Koffer mitgenommen, dort in die Dünen.

Ich glaubte, diese Bücher seien mir unentbehrlich.

Hätte ich sie zurückgelassen, so hätte ich etwas verloren, was Gott selber anging.

Die Vorstellung, die ich von Gott hatte, war in diesen Zeilen enthalten.

Ohne die Vorstellung, die ich mir von Gott gebildet hatte, hätte ich mich verloren gefühlt. Wie wenn Gott aus meinem Leben verschwunden wäre.

Und nun war ich dort im Wüstensand vor der Eucharistie mit meinen Büchern. Sie waren wie ein Schützengraben, in dem ich mich verschanzte …, um zu beten.

Ich konnte stundenlang lesen, was »man über Gott sagt«.

Mein Novizenmeister sagte zu mir: »Laß doch die Termiten deine Bücher verspeisen. Du stell dich arm und nackt vor Gott hin.«

Aber ich verstand das nicht.

Um es mich verstehen zu lassen, schickten meine Oberen mich zur Arbeit.

Hacken in der Oase bei 40 Grad Hitze ist nicht leicht. Nach einigen Stunden anstrengender Arbeit war ich fertig. Der Kopf brummte, der Rücken war krumm.

Auf allen vieren kroch ich in die Fraternität zurück. Und als ich in der Kapelle auf der Strohmatte vor der Eucharistie kniete, war das einzige, was ich noch fertigbrachte, zu weinen.

Du bist hierhergekommen, um Gott zu suchen und zu betrachten, doch wie willst du es anstellen mit einem Kopf, der dir rasend weh tut, und von Müdigkeit so zerschlagen, daß du fast wie ein Tier bist? Wie willst du beten, wenn du so müde bist?

Nun, Brüder und Schwestern, gerade in dieser Situation äußerster Armut habe ich eine neue Dimension des Betens entdeckt, die wichtigste, die ich kenne: die Kontemplation.

Mir war es, als würde sich im Heiligsten Herzen etwas wie eine Wunde öffnen, und ich verstand zum ersten Male, daß das Gebet nicht durch das Gehirn, sondern durch das Herz geht.

Gott kannst du nicht mit dem Verstand festhalten, du erreichst ihn mit der Liebe.

Ich fühlte mich solidarisch mit allen Armen der Erde, ich fühlte mich im Chor mit allen denen beten, die nicht mehr zu beten vermögen, so müde sind sie.

Gott ist nicht mit den Reichen, mit den bequemen Leuten, die zum Beten hübsche Rasenflächen, lange Korridore brauchen.

Gott ist der Gott der Armen, der Mutter mit den vielen Kindern, die ihr um die Füße tanzen; der von der schweren Arbeit abgestumpften Bauern, denen es, wenn sie beten wollen, nur zu einem Seufzer reicht.

Alles war umgestülpt, und ich begriff, daß das wahre Gebet ein Akt der Liebe ist, dargeboten, nachdem man die ganze Kraft des Daseins, all seine Möglichkeiten, den Brüdern zu helfen und sein eigenes Brot zu verdienen, dargeboten hat.

Das ist etwas ganz anderes.
Ich sah, daß das wirkliche Gebet nicht aktiv, sondern passiv ist. Daß es mehr Schweigen ist als Wortemachen. Daß es mehr Kreuz ist als Kultur.
Die Wüste hat mich beten gelehrt.
Die Armut hat mir den Weg gewiesen.

Ich gestehe, daß ich nie mehr von der Wüste weggegangen wäre, so glücklich war ich, und so sehr fühlte ich mich verwirklicht.
Aber ich wußte, ich würde eines Tages wieder heimkehren müssen.
Wir Kleinen Brüder betrachten die Wüste als eine Etappe, eine Pause im Leben, einen ganz bestimmten Zeitabschnitt, für die Suche nach Gott als dem Absoluten.
So war es ja auch bei Jesus.
Danach muß man zurück in die Stadt, zu den Menschen.
Die Kirche ist nicht sehr für den Eremitismus als Lebenszweck, und sie hat recht.
Die Wüste, die uns erwartet, ist der Asphalt unserer Städte. Die Kontemplation, die wir suchen müssen, ist die Kontemplation auf den Straßen.
So fand ich mich wieder in Europa. Mitten in der Krise der Kirche und der Welt.
Ich sah, was für eine große Gnade es für mich war, diese langen Jahre in der Einsamkeit der Sahara zu verbringen.
Wenn ich nicht mehr erschrak vor dem, was in der Welt vor sich ging, und vor dem, was in der weltweiten Krise zu Tage kam, so verdankte ich das der Einsamkeit, die mir die Kraft gegeben hatte; und noch mehr Kraft hatten mir die Nächte gegeben, die ich auf den Dünen im Gebet verbrachte.
Nun bin ich hier, wie um das Thema meines Lebens abzuschließen.

Im ersten Teil war das Handeln führend. Im zweiten Teil das Gebet.

Jetzt versuche ich, die Synthese von beidem zustandezubringen. Im Grund geht es mir wie der Kirche, die gleichzeitig aktiv und kontemplativ ist.

Es ist für den Christen nicht mehr möglich, die beiden Seinsweisen zu trennen.

Die Aktion genügt nicht; ohne Gebet ist sie leer.

Das Gebet läuft Gefahr, zum Selbstbetrug zu werden, ohne den Einsatz in der Gemeinschaft der Menschen.

Schon J. Maritain hat es gesagt: »Was wir heute brauchen, ist die Kontemplation auf den Straßen.«

Und das ist ein hinreißendes Abenteuer.

CARLO CARRETTO

Ich erinnere mich, daß unter den ersten Ratsuchenden, die nach meiner Priesterweihe zu mir kamen, eine alte Dame war, die klagte: »Vierzehn Jahre lang habe ich fast ununterbrochen gebetet, doch nie habe ich ein Gefühl von der Gegenwart Gottes gehabt.« Da fragte ich sie: »Haben Sie ihm Gelegenheit gegeben, ein Wort einzuwerfen?« »Wie das?« entgegnete sie. »Nein, ich habe die ganze Zeit zu ihm gesprochen, ist das nicht etwa Beten?« »Nein,« sagte ich, »ich glaube nicht, und was ich Ihnen empfehle, das ist, daß Sie sich täglich eine Viertelstunde nehmen sollten, einfach dasitzen und vor dem Angesicht Gottes stricken.« So machte sie es. Und was war das Ergebnis? Schon bald kam sie wieder und sagte: »Das ist ganz merkwürdig ... Wenn ich zu Gott bete, genauer, wenn ich zu ihm spreche, fühle ich nichts, doch wenn ich still dasitze, ihm gegenüber, dann fühle ich mich in seine Gegenwart eingehüllt.«

Man wird nie imstande sein, wirklich und aus ganzem Herzen zu Gott zu beten, wenn man nicht lernt, zu schweigen und sich an dem Wunder seiner Gegenwart zu erfreuen oder, anders gesagt, glücklich zu sein über das Wunder des Zusammenseins mit ihm, obgleich man ihn nicht sieht.

METROPOLIT ANTHONY

Schwer ist zu Gott der Abstieg. Aber schau:
du mühst dich ab mit deinen leeren Krügen,
und plötzlich ist doch: Kind sein, Mädchen, Frau –
ausreichend, um ihm endlos zu genügen.

Er ist das Wasser: bilde du nur rein
die Schale aus zwei hingewillten Händen,
und kniest du überdies –: ER wird verschwenden
und deiner größten Fassung über sein.

RAINER MARIA RILKE

Wenn es nur einmal so ganz stille wäre.
Wenn das Zufällige und Ungefähre
verstummte und das nachbarliche Lachen,
wenn das Geräusch, das meine Sinne machen,
mich nicht so sehr verhinderte am Wachen –:

Dann könnte ich in einem tausendfachen
Gedanken bis an deinen Rand dich denken
und dich besitzen (nur ein Lächeln lang),
um dich an alles Leben zu verschenken
wie einen Dank.

RAINER MARIA RILKE

Gott schaut dich, wer immer du seist,
so, wie du bist,
persönlich.
Er »ruft dich bei deinem Namen«.
Er sieht dich und versteht dich,
wie er dich schuf.
Er weiß, was in dir ist,
all dein Fühlen und Denken,
deine Anlagen und deine Wünsche,
deine Stärke und deine Schwäche.
Er sieht dich an deinem Tag der Freude
und an deinem Tag der Trauer.
Er fühlt mit deinen Hoffnungen und Prüfungen.
Er nimmt Anteil an deinen Ängsten und Erinnerungen,
an allem Aufstieg und Abfall deines Geistes.
Er umfängt dich rings
und trägt dich in seinen Armen.
Er liest in deinen Zügen,
ob sie lächeln oder Tränen tragen,
ob sie blühen an Gesundheit oder welken in Krankheit.
Er schaut zärtlich auf deine Hände und deine Füße.
Er horcht auf deine Stimme,
das Klopfen deines Herzens,
selbst auf deinen Atem.
Du liebst dich nicht mehr, als er dich liebt.

PAUL NEWMAN

Alles, was in einem Menschen gut ist, ist von Anfang an
Stille, und so wie Gott im Verborgenen wohnt, so wohnt
auch das Gute bei einem Menschen im Verborgenen.
Jede Entscheidung, die in ihrer tiefsten Bedeutung gut ist,
ist still, denn sie hat Gott als Mitwisser.

SÖREN KIERKEGAARD

Wenn das Meer
all seine Kräfte
anstrengt,
so kann es
das Bild des Himmels
gerade nicht spiegeln;
auch nur
die mindeste Bewegung,
so spiegelt es
den Himmel nicht rein;
doch wenn es
still wird und tief,
senkt sich das
Bild des Himmels
in sein Nichts.

SÖREN KIERKEGAARD

SCHAFFE SCHWEIGEN

O, wofern man (wozu man christlich sicherlich das Recht hat) bei der Betrachtung des gegenwärtigen Weltzustandes, des ganzen Lebens, christlich sagen müßte: »es liegt eine Krankheit vor« – und wofern ich ein Arzt wäre: falls also jemand fragte »was meinst du, muß man da tun?«, ich würde antworten: »das Erste, die schlechthinnige Bedingung dafür, daß man etwas tun kann, somit das Erste, das man tun muß, ist dies: schaffe Schweigen, erwirke Schweigen, man kann Gottes Wort nicht vernehmen, und soll es, unterstützt durch Geräuschmittel, lärmend ausgeschrien werden, damit es bei dem Spektakel mitvernommen werde, so bleibt es nicht Gottes Wort; schaffe Schweigen! O, alles macht Lärm; und so wie man von einem hitzigen Tranke sagt, er rege das Blut auf, ebenso ist in unsrer Zeit jegliches Unternehmen, selbst das unbedeutendste, jegliche Mitteilung, selbst die völlig nichtssagende, lediglich darauf berechnet, die Sinne erbeben zu lassen oder die Masse, die Menge, das Publikum, den Lärm zu erregen. Und der Mensch, dieser erfindungsreiche Kopf, er ist gleichsam schlaflos geworden, um immer neue Mittel zu entdecken zur Mehrung des Lärms, zur Ausbreitung des Geräusches und des Nichtssagenden mit größtmöglicher Hast und im größtmöglichen Maßstabe. Ja, die Umkehrung ist wohl bald am Ziele: die Mitteilung ist wohl bald heruntergebracht auf den niedrigsten Punkt hinsichtlich des Bedeutungsvollen, und gleichzeitig haben die Mitteilungsmittel wohl ungefähr einen Gipfel erreicht hinsichtlich einer hastigen, alles überflutenden Ausbreitung; denn was hat wohl so große Eile herauszukommen und andererseits was hat so große Verbreitung wie: Getratsch! O, schaffe Schweigen!

SÖREN KIERKEGAARD

48

Allmählich, wie er innerlicher und innerlicher wurde im Gebet, hatte er weniger und weniger zu sagen, und zuletzt verstummte er ganz. Er ward stumm, ja, was dem Reden vielleicht noch mehr entgegengesetzt ist als das Schweigen, er ward ein Hörender. Er hatte gemeint, beten sei reden; er lernte: beten ist nicht bloß schweigen, sondern ist hören. Und so ist es denn auch; beten heißt nicht, sich selber reden hören, sondern heißt dahin kommen, daß man schweigt, und im Schweigen verharren, und harren, bis der Betende Gott hört.

SÖREN KIERKEGAARD

Sieht der Kontemplative auch keine Fortschritte ... schreitet er doch weiter, als wenn er sich nur auf eigenen Füßen bewegte. Gott trägt uns in seinen Armen voran. Daher empfinden wir das Schreiten nicht, obgleich wir im Schrittmaß Gottes dahingetragen werden ... Gott ist der Wirkende ... was er im Innern formt, ist den Sinnen unzugänglich. Es vollzieht sich im Schweigen ... Der Mensch überlasse sich den Händen Gottes. Er liefere sich nicht den eigenen Händen aus.

JOHANNES VOM KREUZ

Wie gut weiß ich den Quell,
der fließt und strömt,
obwohl es Nacht ist.

Ja, jene ew'ge Quelle ist verborgen.
Doch weiß ich gut, wo ihre Bleibe ist,
obwohl es Nacht ist.

Den Ursprung kenn ich nicht, denn sie hat keinen.
Doch aller Ursprung stammt aus ihr. Ich weiß es,
obwohl es Nacht ist.

Ich weiß, daß nichts so schön sein kann wie sie,
daß Himmel und die Erde aus ihr trinken,
obwohl es Nacht ist.

Ich weiß, es findet sich kein Grund in ihr,
und keines Menschen Fuß kann sie durchwaten,
obwohl es Nacht ist.

Die Klarheit, die sie hat, wird nie verdunkelt,
und alles Licht – ich weiß es – stammt von ihr,
obwohl es Nacht ist.

Ich weiß, daß ihre Ströme, reich an Wasser,
die Hölle, Himmel und die Völker tränken,
obwohl es Nacht ist.

Der Strom, den dieser Quell aus sich entläßt,
ist mächtig, ja allmächtig, wie ich weiß,
obwohl es Nacht ist.

Dem Strom, der aus den beiden hier hervorgeht,
ich weiß's, geht keiner von den zwein voran,
obwohl es Nacht ist.

Ja, diese ew'ge Quelle ist verborgen
in diesem Brot, um Leben uns zu geben,
obwohl es Nacht ist.

Von hier wird alle Kreatur gerufen,
und dieses sättigt sie – im Dunkeln,
weil es ja Nacht ist.

Den Lebensquell, nach welchem ich mich sehne,
in diesem Brot des Lebens seh' ich ihn –
jedoch bei Nacht.

JOHANNES VOM KREUZ

Die Gottheit ist ein Brunn, aus ihr kommt alles her,
und läuft auch wieder hin. Drum ist sie auch ein Meer.

Gott wohnt in einem Licht, zu dem die Bahn gebricht.
Wer es nicht selber wird, der sieht ihn ewig nicht.

Wenn ich in Gott vergeh, so komm ich wieder hin,
wo ich in Ewigkeit vor mir gewesen bin.

Was man von Gott gesagt, das g'nüget mir noch nicht:
Die Übergottheit ist mein Leben und mein Licht.

Die Gottheit ist mein Saft: Was aus mir grünt und blüht,
das ist sein heiliger Geist, durch den der Trieb geschieht.

Gott kann sich nicht entziehn, er wirket für und für,
fühlst du nicht seine Kraft, so gib die Schuld nur dir.

Du darfst zu Gott nicht schrein, der Brunnquell ist in dir:
Stopfst du den Ausgang nicht, er flösse für und für.

Halt an, wo läufst du hin? Der Himmel ist in dir:
Suchst du Gott anderswo, du fehlst ihn für und für.

Mensch, so du wissen willst, was redlich beten heißt,
so geh in dich hinein und frage Gottes Geist.

Wer in sich über sich in Gott verreisen kann,
der betet Gott im Geist und in der Wahrheit an.

Gott ist so über all's, daß man nichts sprechen kann,
drum betest du ihn auch mit Schweigen besser an.

ANGELUS SILESIUS

Es ist in dir,
und so du magst eine Stunde schweigen
von allem deinem Wollen und Sinnen,
so wirst du
unaussprechliche Worte Gottes hören.

JAKOB BÖHME

Meditieren gilt allein von Menschen. Denn sich etwas vorstellen und denken scheinen auch Tiere zu können ... Meditieren und denken ist zweierlei; denn meditieren heißt ernst, tief und sorgfältig »denken«, eigentlich: im Herzen wiederkäuen. Meditieren ist gleichsam in der Mitte verweilen oder von der Mitte und dem Innersten bewegt werden.

Es mag niemand Gott noch Gottes Wort recht verstehen, er hab's denn ohn' Mittel von dem Heiligen Geist. Niemand kann's aber von dem Heiligen Geist haben, er erfahr's, versuch's und empfind's denn. Und in derselben Erfahrung lehret der Heilige Geist wie in seiner eignen Schule, außerhalb welcher wird nichts gelehrt als nur Schein-Wort und Geschwätz.

MARTIN LUTHER

Wenn ich aber Zeit und Raum habe außer dem Vaterunser, mache ich es mit den zehn Geboten auch so und hole ein Stück nach dem andern, damit ich ja ganz frei werde (soweit es möglich ist) zum Gebet. Und ich mache aus einem jeglichen Gebot ein vierfaches oder ein vierfach gedrehtes Kränzlein, so nämlich: Ich nehme jedes Gebot zum ersten als eine Lehre an, wie es denn an sich ist, und denke, was unser Herr Gott darin so ernstlich von mir fordert. Zum zweiten mache ich eine Danksagung daraus, zum dritten eine Beichte, zum vierten ein Gebet, nämlich so oder mit dergleichen Gedanken und Worten:

1. »Ich bin der Herr dein Gott« usw. »Du sollst keine anderen Götter haben neben mir« usw.

Hier denke ich erstlich, daß Gott herzliche Zuversicht zu ihm in allen Sachen von mir fordert und mich lehrt und es sein hoher Ernst ist, daß er wolle mein Gott sein, daß ich ihn dafür halten solle bei Verlust der ewigen Seligkeit, und daß mein Herz auf nichts sonst solle bauen noch trauen, es sei Gut, Ehre, Weisheit, Gewalt, Heiligkeit oder irgendeine Kreatur.

Zum zweiten danke ich seiner grundlosen Barmherzigkeit, daß er sich so väterlich zu mir verlorenem Menschen hinuntersenkt und sich selbst ungebeten, ungesucht, unverdient mir anbietet, mein Gott zu sein, sich meiner anzunehmen, und in allen Nöten mein Trost, mein Schutz, meine Hilfe und Stärke sein will. Wir armen, blinden Menschen haben doch sonst so mancherlei Götter gesucht und müßten sie noch suchen, wenn er sich nicht selbst so offenbar hören ließe und sich uns nicht in unserer menschlichen Sprache anböte, daß er unser Gott sein wolle. Wer kann ihm dafür immer und ewig genug danken?

Zum dritten beichte und bekenne ich meine große Sünde

und Undankbarkeit, daß ich solche schöne Lehre und hohe Gabe durch mein ganzes Leben so schändlich verachte und mit unzähligen Abgöttereien seinen Zorn so greulich gereizt habe. Das tut mir leid, und ich bitte um Gnade.

Zum vierten bitte ich und spreche: Ach, mein Gott und Herr, hilf mir durch deine Gnade, daß ich dies dein Gebot möge täglich immer besser lernen und verstehen und mit herzlicher Zuversicht danach handeln. Behüte ja mein Herz, daß ich nicht mehr so vergeßlich und undankbar werde, keine anderen Götter noch Trost weder auf Erden noch in allen Kreaturen suche, sondern allein, rein und fein bei dir, meinem einzigen Gott, bleibe. Amen, lieber Herr Gott Vater, Amen.

MARTIN LUTHER

Ich vernahm die Worte:
Bemühe dich nicht,
mich in dich einzuschließen,
sondern gehe in mich ein
und laß dich umfangen von mir.

TERESA VON AVILA

Die Hauptübung der mystischen Theologie
besteht darin,
im Grunde des Herzens mit Gott zu reden
und Gott reden zu hören.
Und weil diese vertrauliche Unterredung
durch sehr heimliche Regungen
und Eingebungen vor sich geht,
nennen wir sie
das Zwiegespräch des Schweigens;
das Auge spricht zum Auge,
das Herz zum Herzen,
und niemand versteht, was gesprochen wird,
außer die heiligen Liebenden,
die miteinander reden.

FRANZ VON SALES

O, mein Gott,
nimm alles von mir, was mich hindert zu Dir.

O, mein Gott,
gib alles mir, was mich fördert zu Dir.

O, mein Gott,
nimm mich mir und gib mich ganz zu eigen Dir.

Amen.

NIKOLAUS VON FLÜE

Denn er (Gott), der überall ist,
kann nicht nicht-gefunden werden,
wenn er nur recht gesucht wird.

NIKOLAUS VON KUES

Der Mensch soll sich in keiner Weise je als fern von Gott ansehen, weder eines Gebrechens wegen noch wegen einer Schwäche, noch wegen irgend etwas sonst. Und wenn dich auch je deine großen Vergehen so weit abtreiben mögen, daß du dich nicht als Gott nahe ansehen könntest, so solltest du doch Gott als dir nahe annehmen. Denn darin liegt ein großes Übel, daß der Mensch sich Gott in die Ferne rückt.

In einem jeglichen guten Gedanken oder guten Bestreben oder guten Werk werden wir allzeit neu geboren in Gott.

MEISTER ECKEHART

Solche Menschen mögen wissen, daß es das allerbeste und alleredelste, wozu man in diesem Leben kommen kann, ist, wenn du schweigst und Gott wirken und sprechen läßt.

Wer die ewige Weisheit des Vaters hören soll, der muß innen sein, muß daheim sein und muß Eins sein, dann kann er die ewige Weisheit des Vaters hören.

Je entblößter und lediger das Gemüt Gott zufällt und von ihm gehalten wird, desto tiefer wird der Mensch in Gott versetzt, und so empfänglicher wird er Gottes in allen seinen kostbarsten Gaben, denn einzig auf Gott soll der Mensch bauen.

Das kräftigste Gebet … vor allen ist jenes, das hervorgeht aus einem ledigen Gemüt. Je lediger dies ist, um so kräftiger, würdiger, nützer, löblicher und vollkommener ist das Gebet …

MEISTER ECKEHART

Gott ist allzeit bereit, *wir* aber sind sehr unbereit; Gott ist uns »nahe«, *wir* aber sind ihm fern; Gott ist drinnen, *wir* aber sind draußen; Gott ist (in uns) daheim, *wir* aber sind in der Fremde.

Ich habe eine Kraft in meiner Seele, die Gottes ganz und gar empfänglich ist. Ich bin des so gewiß, wie ich lebe, daß mir nichts so »nahe« ist wie Gott. Gott ist mir näher, als ich mir selber bin; mein Sein hängt daran, daß mir Gott »nahe« und gegenwärtig sei!

Wenn man einen Tropfen in das wilde Meer gösse, so verwandelte sich der Tropfen in das Meer und nicht das Meer in den Tropfen. So (auch) geschieht es der Seele: wenn Gott sie in sich zieht, so verwandelt sie sich in ihn, so daß die Seele göttlich wird, nicht aber Gott zur Seele ... Da bleibt die Seele in Gott, wie Gott in sich selbst bleibt.

Alle Gaben ... die gab er (Gott) alle nur zu dem Ende, daß er *eine* Gabe geben könne: die ist er selber.

MEISTER ECKEHART

Niemand kann Gott erkennen, der nicht zuvor sich selbst erkennt. Kennte ich mich selber, wie ich sollte, so hätte ich die tiefste Erkenntnis aller Kreaturen.

Im Einen findet man Gott, und Eins muß der werden, der Gott finden soll … Im Unterschied findet man weder das Eine noch das Sein noch Gott noch Rast noch Seligkeit noch Genügen. Sei Eins, auf daß du Gott finden könntest!

MEISTER ECKEHART

Otiosum non est vacare deo,
sed negotium negotiorum omnium.

Leer werden für Gott – das ist nicht Müßiggang,
nein, es ist die wichtigste aller Beschäftigungen.

Ein solches Lied kann nur der Geist der Liebe lehren,
es läßt sich nur in der Erfahrung lernen.
Wer es erfahren hat, erkennt es wieder,
und wer noch nicht, soll glühen in der Sehnsucht,
nicht: mehr von ihm zu wissen,
sondern: an der Erfahrung teilzuhaben.
Dies Lied klingt nicht im Ohr:
es jubelt auf im Herzen.
Es tönt nicht von den Lippen,
sondern erregt in tiefer Freude.
Nicht Stimmen schwingen da in eins,
sondern die Strebungen der Herzen.
Es ist nicht draußen zu vernehmen,
es schallt nicht offen auf dem Markt.
Nur die es singt, vernimmt den Klang
und der, dem sie es singt:
die Braut und ihr geliebter Bräutigam.

BERNHARD VON CLAIRVAUX

Hinter jedem »OH HERR!«, das du sprichst,
steht ein tausendfaches »HIER BIN ICH« .

MEVLANA DSCHELÂLEDDIN RUMI

Spät habe ich dich geliebt, du Schönheit,
so alt und so neu, spät habe ich dich geliebt!
Und siehe, du warst innen,
und ich habe dich draußen gesucht...
Du warst bei mir,
aber ich war nicht bei dir...
Du hast gerufen und geschrien
und meine Taubheit durchbrochen;
du hast geblitzt und gestrahlt
und meine Blindheit verscheucht;
du hast deinen Duft verbreitet,
und ich sog den Hauch ein und seufzte nach dir;
ich habe gekostet,
ich hungere und dürste nach dir;
du hast mich berührt,
und ich brenne nach deinem Frieden.

AURELIUS AUGUSTINUS

Suche
   Gott,
und du findest
   Gott
und alles Gute
   dazu.

Geschaffen
hast du uns
   zu dir,
und ruhelos
ist unser
   Herz,
bis daß es
seine Ruhe hat
   in dir.

AURELIUS AUGUSTINUS

Sprache ist das Organ dieser Welt,
Schweigen das Geheimnis der künftigen.

ISAAK DER SYRER

So wie es unmöglich ist, daß jemand in einem bewegten Wasser sein Gesicht betrachten kann, so kann auch nicht die Seele, wenn sie nicht vorher von allen fremden Gedanken gereinigt wurde, gesammelt zu Gott beten.

EIN WÜSTENVATER

Ein Bruder, der mit anderen Brüdern zusammenlebte, fragte den Altvater Besarion: »Was soll ich tun?« Der Greis antwortete ihm: »Schweige und miß dich nicht!« (mit anderen).

EIN WÜSTENVATER

Jesus sprach: Nicht soll aufhören der, welcher sucht, zu suchen, bis er findet, und wenn er findet, wird er verwirrt sein, und wenn er verwirrt ist, wird er sich wundern und wird herrschen über das All.

Jesus sprach: Wenn sie zu euch sagen, die euch verführen: Siehe, das Reich ist im Himmel, so werden die Vögel des Himmels euch zuvorkommen. Wenn sie zu euch sagen, es ist im Meer! so werden die Fische euch zuvorkommen. Sondern das Reich ist inwendig in euch und außerhalb von euch. Wenn ihr euch erkennt, dann werdet ihr erkannt werden, und ihr werdet erkennen, daß ihr seid die Söhne des lebendigen Vaters. Wenn ihr euch aber nicht erkennt, so seid ihr in Armut und ihr seid die Armut.

THOMAS-EVANGELIUM

Wir huldigen dem Atem des Lebens,
denn dieses ganze Universum gehorcht ihm.
Er ist der Herr aller Dinge geworden,
alles hat in ihm seinen Ursprung.

Wir huldigen dir, Atem des Lebens,
wir huldigen deinem Tosen;
wir huldigen dir, Donner, und dir, Blitz;
wir huldigen dir, o Atem des Lebens,
wenn du Regen herabgießt.

Wir huldigen dir beim Einatmen,
wir huldigen dir, Lebensatem, beim Ausatmen:
wir huldigen dir, wenn du dich abwendest,
wir huldigen dir, wenn du dich uns wieder zukehrst:
Dir gebührt in allem, ja in allem Huldigung.

Der Atem des Lebens nimmt die Kreaturen
als sein Gewand;
er nimmt sie wie ein Vater seinen geliebten Sohn.
Der Atem des Lebens ist der Weltenherr,
der Herr aller, die atmen,
der Herr von allem, was ohne Atem ist.

O Atem des Lebens, wende dich nicht ab von mir:
Ich selbst verschmelze mit dir.
Wie ein Lebenskeim im Wasser:
So umgebe und binde ich Dich in mir,
damit ich lebe.

ATHARVA-VEDA

Wenn der Leib unaufhörlich
in Bewegung gehalten wird,
wird er müde.
Wenn der Geist unaufhörlich
in Bewegung gehalten wird,
wird er sorgenvoll;
und Sorge verursacht Erschöpfung.

Das Wesen des Wassers ist,
daß es klar wird,
wenn man es in Ruhe läßt,
und still,
wenn man es nicht stört.

DSCHUANG DSI

Wer weiß, redet nicht,
wer redet, weiß nicht.

LAO-TSE

Genesis 2,7

Da machte Gott, der Herr,
den Menschen aus Erde vom Acker
und blies ihm den Odem des Lebens
in seine Nase.
Und so ward der Mensch
ein lebendiges Wesen.

Wer bin ich?

WER BIN ICH?

GEBURT

ich wurde nicht gefragt
bei meiner zeugung
und die mich zeugten
wurden auch nicht gefragt
bei ihrer zeugung
niemand wurde gefragt
ausser dem Einen

und der sagte
ja

ich wurde nicht gefragt
bei meiner geburt
und die mich gebar
wurde auch nicht gefragt
bei ihrer geburt
niemand wurde gefragt
ausser dem Einen

und der sagte
ja

KURT MARTI

Zu sein
ist Wunder genug.
Zu spüren, daß ich bin,
hier,
in dieser Zeit
und diesem Raum
so einmalig und besonders.
Eines Tages auf dieser Erde erschienen
und später gesagt: Ich bin ich.
Das ist Wunder genug.

In den unendlichen, leeren Räumen des Universums,
im Wunder des geheimen Ablaufs aller Dinge
ist es das größere Wunder,
daß ich bin,
daß ich die Leere ausfülle
mit dem Wunder des Lebens,
daß ich mich selbst erlebe,
daß ich um mich weiß
und dann nach außen vorstoße
und dir begegne.

Ich will nicht nach Wundern suchen,
sondern mir bewußt machen,
daß ich Wunder genug bin.
Ich will mich feiern,
wie Gott mich feiert.

ULRICH SCHAFFER

DER MENSCH ZWISCHEN ZWEI POLEN

Flackernde Herzen
auf den Friedhöfen
der Erde –
und darüber
die ruhigen Sterne.

Zuckendes Feuer
in den Augen des Menschen
und tief innen in ihm
der gelassene Gott.

MARTIN GUTL

Auf der Flucht
vor dem Gespräch
ins Geschwätz,
auf der Flucht
vor dem Schweigen
in das Lärmen,
auf der Flucht
vor mir selbst
in die Masse –
wird Gott
mich nicht
ergreifen können.
Da ich nicht
zu mir gekommen bin,
wird Er mich nicht
treffen können.

MARTIN GUTL

DU LEBST

Eines Tages warst du da.
Niemand hat dich vorher gefragt, ob du leben wolltest.
Nun lebst du.
Manchmal ist es schön.
Manchmal bist du traurig.
Vieles verstehst du noch nicht.
Du lebst.
Wozu?

Du möchtest leben.
Du möchtest aus deinem Leben etwas machen.
Es gibt vieles, was du tun kannst.
Aber wer sagt uns, wie wir es richtig machen?
Die einen sagen: Du mußt dies tun.
Andere sagen: So mußt du es machen.
Du möchtest leben.
Aber wie?

Gott hat dir dein Leben gegeben.
Es ist kein Zufall, daß du lebst.
Er hat dir Hände gegeben, die zupacken können,
Augen, die sehen,
einen Verstand, der denken kann,
und ein Herz, das fühlen kann.
Das alles hast du nicht umsonst.
Er will dich haben.
Mit deinen Händen sollst du helfen, die Welt zu ordnen.

HANS MAY

ANFANG

Vor jedem endgültigen Tod
liegt die vorläufige, die ahnende Zeit.
Warum fließt in dieser das Erkennen nicht
in den Wegen der Liebe, die bereitet sind
von den ersten Stunden an.

Wen nennen wir Feind und warum
Vor allem aber:
Wen nennen wir Freund

Was sagen wir,
das den einsamen Nächten standhält
Was sagen wir,
das in der Nähe gesagt aus der Faust
eine für alles offene Hand macht

Beim Einfachen anfangen:
Jeder Atemzug heißt doch
ich bin und ich lebe
mit einem Herzen,
das schwer ist vom Niederdrückenden,
weil es gelernt hat zu sehen
und weil es so sieht
mit jedem Schlag bereit ist zu lieben.

HEINZ KATTNER

Unsere tiefste Angst ist nicht,
daß wir der Sache nicht gewachsen sind.
Unsere tiefste Angst ist,
daß wir unermeßlich mächtig sind.
Es ist unser Licht, das wir fürchten,
nicht unsere Dunkelheit.

Wir fragen uns: Wer bin ich denn eigentlich,
daß ich leuchtend, hinreißend, begnadet und phantastisch
sein darf?
Wer bist Du denn,
daß Du das NICHT sein darfst?

Du bist ein Kind Gottes.
Wenn Du Dich klein machst, dient das nicht der Welt.
Es hat nichts mit Erleuchtung zu tun,
wenn Du Dich einkringelst,
damit andere um Dich herum
sich nicht verunsichert fühlen.

Du wurdest geboren,
um die Ehre Gottes zu verwirklichen,
die in uns ist.
Sie ist nicht nur in einigen von uns
sie ist in jedem Menschen.

Und wenn wir unser Licht erstrahlen lassen,
geben wir unbewußt den anderen Menschen
die Erlaubnis, dasselbe zu tun.
Wenn wir uns von unserer Angst befreit haben,
wird unsere Gegenwart
ohne unser Zutun
andere befreien.

NELSON MANDELA

STERNSTUNDEN

Vielleicht kommen mir »Sternstunden«
nur in der Gestalt des Alltags entgegen.
Ich kann sie übersehen:
das bißchen Geduld, das meiner Umgebung
das Leben ein wenig erträglicher machte;
die unterlassene Ausrede;
das wirkliche Geltenlassen eines Tadels
(Gott, wie schwer ist das,
wenn es sich um Dinge handelt,
die meine Eigenliebe berühren);
das Sterbenlassen eines Unrechts,
das man mir angetan hat, in mir selbst,
ohne durch Klage, Grimm, Bitterkeit und Vergeltung
dieses Unrecht sich weiterzeugen zu lassen;
die Treue im Gebet, das nicht durch »Trost«
und ein »religiöses Erlebnis« belohnt wird;
der Versuch, diejenigen zu lieben
und nicht nur mit verschlucktem Grimm
aus wohlverstandenem Egoismus zu ertragen,
die mir auf die Nerven gehen;
die heruntergeschluckte Klage
und das unterlassene Selbstlob
und viele andere Dinge,
die erst eigentlich gut würden,
wenn man sie immer übte.

Wo man durch »nichts« mehr belohnt wird,
durch nichts Angebbares, weder außen noch innen,
da ist als dieses »nichts«
in Wahrheit Gott gegenwärtig.
Und der endliche Verlust
ist der unendliche Gewinn,
dessen Schätzung eingeübt wird durch diesen Verlust.
Man »zahlt drauf« im Leben mit sich selbst.
Und nur um diesen Preis ist Gott erhältlich.

KARL RAHNER

WIE SOLL ICH DICH UMARMEN

Wie soll ich dich umarmen
und wie begegn' ich dir –
es gibt doch kein Erbarmen
und zwischen dir und mir

gehn Worte hin und her,
die enden ganz im Schweigen.
Wer von uns mag nicht mehr,
will's nicht dem Andern zeigen?

Wir haben nichts getan,
was nicht auch andre täten.
Wir sehn uns nicht mehr an
in unsern Mörder-Städten.

Niemand hat uns geschont.
Umarmung kann auch töten.
Wir sind den Mord gewohnt.
Wer hilft uns beim Erröten?

KARL KROLOW

ZAUBER

Durch dich hat alles
neue Namen bekommen

Unglück heißt Glück
meine Angst heißt Erfüllung

mein langsam wachsender Haß
wird Treue genannt

So verwandelt die Liebe
den ganzen Menschen

Er erbricht
schwarze Galle

und flüstert:
mein süßes Herz

ERICH FRIED

Als ich aus sowjetischer Gefangenschaft heimkehrte, schickten wohlmeinende Freunde mich in ein hessisches Städtchen, wo einige weise Damen eine segensreiche Tätigkeit ausübten. Sie lehrten ihre Patienten nämlich »richtig« atmen, sprechen, singen – wobei das »Kommen-lassen« des Atems sowie das bewußte Ausatmen, also Goethes zweierlei Gnaden (»die Luft einholen, sich ihrer entladen«) als das A und O gesunder Leiblichkeit überhaupt betrachtet wurden. Mir tat diese Atemkur sehr wohl; und als ich sie zwei Wochen lang betrieben hatte, stellte sich eines Tages bei einer Mahlzeit im Kreis der Mit-Atmer aus unbedeutendem Anlaß eine solche Nötigung zum Lachen ein, daß die ganze Tischrunde schließlich mit mir lachte, ohne zu wissen, warum. Es war dies der Anfang neugewonnener Daseinsfreude; und mein Leib hatte stellvertretend für die Seele diesen Zugang zur Fröhlichkeit gefunden.

Ich habe Gelegenheit gehabt zu beobachten, wie einseitig intellektuell beanspruchte Studenten, wenn sie »richtig atmen lernten«, nahezu andere Menschen wurden; welche Freude es ihnen machte zu entdecken, daß sie nicht nur einen Verstand, sondern auch einen Leib hatten, der es gut mit ihnen meinte; ich sah, wie sie wieder identisch wurden mit sich selbst, plastischer sprachen und dachten als zuvor, überhaupt ihres Daseins und seiner vielfältigen schöpferischen Möglichkeiten neu inne wurden.

Es überraschte mich nicht, in Herrigels »Kunst des Bogenschießens« zu lesen, daß der richtig Atmende zu physischen Leistungen imstande ist – sozusagen »ohne Anstrengung« –, die ihm rein kräftemäßig nicht möglich wären. In Ostpreußen erzählte mir jemand, es sei kaum glaublich (aber wahr), daß die schweren Elche über ganz dünnes Eis laufen könnten – von ihrem Atem leicht gemacht! Mag bei dieser Behauptung waidmännische Phantasie im Spiele sein, sicher ist, daß jeder von uns eine Treppe anders – nämlich leichter – emporsteigt, wenn er dabei bewußt und »richtig« atmet.

Der Volksmund spricht von Menschen, die einen »langen Atem« haben. Hier ist genau beobachtet und genau formuliert. Der »lange Atem« gibt Distanz zu den Dingen, ermöglicht ruhiges Abwägen, Leichtigkeit des Denkens, Güte und schlichten leiblichen Frieden. Wo es gelingt, den »langen Atem« umzusetzen in Sprache und Stimme, da wird das Atem-Glück des Gesanges erlebt. Es besteht darin, daß wir von unserer Stimme getragen werden, während wir sie zugleich formen.

Der richtig Atmende hat Haltung. Im Hause meiner bäuerlichen Nachbarn in Westfalen lebt eine über neunzigjährige Frau, die zeit ihres Lebens schwer gearbeitet hat. Mir fällt auf, daß diese Greisin mühelos aufrecht sitzt, ohne Lehne und Polster. Warum kann sie das? Weil sie rhythmisch und tief atmet. Ihr Atem stützt sie.

Richtiges Atmen schafft richtige – das heißt: harmonische – Bewegung, glaubhafte Gebärde. Ein Tanz ist schön, wenn er aus dem Atem geboren wird; er ist häßlich, wenn ungeformter Trieb, verkrampfter Wille ihn hervorbringen.

Der Atem ist Mittler zwischen Leiblichem, Seelischem und Geistigem. Würden wir ihn sein versöhnliches Werk an uns tun lassen, so würden wir vielleicht friedlicher, verstehender, menschlicher miteinander umgehen.

WILLY KRAMP

ICH MÖCHTE ENDLICH DEN EIGENEN KÖRPER BEWOHNEN.

Mein Rücken ist mir so fremd,
als gehöre er gar nicht mir.
Wie vertraut sind mir die Hüften und der Hals?
Die rechte Hand ist mir vertraut, natürlich.
Aber erst wenn ich Schmerzen habe, werde ich erinnert,
daß es sich nicht um ein austauschbares Instrument handelt.

Mit meiner Zunge lecke ich meine Lippen,
ich werde dadurch meiner Lippen und meiner Zunge inne.
Gaumen und Kehle nehme ich noch wahr,
aber wo sitzt eigentlich mein Magen.
Irgendwann einmal hatte ich Nierenschmerzen.
Wo sitzen eigentlich diese Gebilde?

Ganze Zonen meiner Haut sind entlegene Kontinente,
unerforschtes Gebiet.
Gehört das alles zu meinem Ich?
Habe ich Augen oder *bin* ich sie?
Bin ich in meinen Nervenbahnen und Poren?

Wenn du meinen Rücken streichelst,
entdecke ich, daß ich dir auch dort antworten kann.
Allmählich beginne ich, meinen Körper zu bewohnen.
Bisher wohnte ich in engen Kammern,
die Fenster waren verhängt,
vor den Fluren und Sälen hatte ich Angst.
Es ist ein wohnliches Haus, das mir gewährt wurde.
Ich werde noch eine Weile brauchen,
bis ich alle Kammern vom Speicher bis zum Keller entdecke.

Ich möchte endlich den eigenen Körper bewohnen.

OTTO UND FELICITAS BETZ

Gott will nicht,
daß wir uns in ihm verlieren,
sondern daß wir
uns in ihm finden.

CHRISTIAN MORGENSTERN

GROSSER GOTT KLEIN

großer gott:
uns näher
als haut
oder halsschlagader
kleiner
als herzmuskel
zwerchfell oft:
zu nahe
zu klein –
wozu
dich suchen?

wir:
deine verstecke

KURT MARTI

DER BALL DES GEHORSAMS

Wenn wir wirklich Freude an dir hätten, mein Gott,
könnten wir dem Bedürfnis zu tanzen nicht widerstehen,
das sich über die Welt hin ausbreitet;
und wir könnten sogar erraten,
welchen Tanz du getanzt haben willst,
indem wir uns den Schritten deiner Vorsehung überließen.

Eines Tages, als du ein wenig
Lust auf etwas anderes hattest,
hast du den heiligen Franz erfunden
und aus ihm deinen Gaukler gemacht.
An uns ist es, uns von dir erfinden zu lassen,
um fröhliche Leute zu sein, die ihr Leben mir dir tanzen.

MADELEINE DELBRÊL

O Mensch, lerne tanzen,
sonst wissen die Engel im Himmel mit dir
nichts anzufangen.

AURELIUS AUGUSTINUS

DER ENGEL IN DIR

Der Engel in dir
freut sich über dein
Licht
weint über deine Finsternis

Aus seinen Flügeln rauschen
Liebesworte
Gedichte Liebkosungen

Er bewacht
deinen Weg

Lenk deinen Schritt
engelwärts

ROSE AUSLÄNDER

GÄBE ES

Gäbe es dich
Gott der Liebe
wir lebten noch heute
im Eden
Volk an Volk
du an du

Gäb es dich nicht
o Liebesgott
wir wären nicht

nichts wäre

ROSE AUSLÄNDER

Am Hofe gab es starke Leute und gescheite Leute, der König war ein König, die Frauen waren schön und die Männer mutig, der Pfarrer war fromm und die Küchenmagd fleißig – nur Colombin war nichts.

Wenn jemand sagte: »Komm, Colombin, kämpf mit mir«, sagte Colombin: »Ich bin schwächer als du.«

Wenn jemand sagte: »Wieviel gibt zwei mal sieben?«, sagte Colombin: »Ich bin dümmer als du.«

Wenn jemand sagte: »Getraust du dich, über den Bach zu springen?«, sagte Colombin: »Nein, ich getraue mich nicht.«

Und wenn der König fragte: »Colombin, was willst du werden?«, antwortete Colombin: »Ich will nichts werden, ich bin schon etwas, ich bin Colombin.«

PETER BICHSEL

GEBET DES HAHNS

Vergiß nicht, Herr,
ich lasse die Sonne aufgehen!
Ich bin Dein Diener …
Aber die Würde meiner Rolle
zwingt mich zu einigem Prunk
und Staat.
Adel verpflichtet …
Trotz alledem,
ich bin Dein Diener …
Vergiß nicht, Herr,
ich lasse die Sonne aufgehen!

Amen.

CARMEN BERNOS DE GASZTOLD

ECCE HOMO

Weniger als die Hoffnung auf ihn

das ist der Mensch
einarmig
immer

Nur der gekreuzigte
beide Arme
weit offen
der Hier-Bin-Ich

HILDE DOMIN

BITTE

Wir werden eingetaucht
und mit dem Wasser der Sintflut gewaschen,
wir werden durchnäßt
bis auf die Herzhaut.

Der Wunsch nach der Landschaft
diesseits der Tränengrenze
taugt nicht,
der Wunsch, den Blütenfrühling zu halten,
der Wunsch, verschont zu bleiben,
taugt nicht.

Es taugt die Bitte,
daß bei Sonnenaufgang die Taube
den Zweig vom Ölbaum bringe.
Daß die Frucht so bunt wie die Blüte sei,
daß noch die Blätter der Rose am Boden
eine leuchtende Krone bilden.

Und daß wir aus der Flut,
daß wir aus der Löwengrube und dem feurigen Ofen
immer versehrter und immer heiler
stets von neuem
zu uns selbst
entlassen werden.

HILDE DOMIN

DER TRAUM VON DEN DREI ENGELN

Der letzte Engel war der schönste:
Olivenlaub schien sein Gewand,
und sein Gesicht glich einem Falter,
auf dem der Trauer ewiges Alter
als große, schwarze Flamme stand.

Den ersten Engel wollte ich nicht lassen,
den zweiten wagte ich nicht anzufassen,
da nahm der dritte sanft mich bei der Hand.

Seither kann ich die andern nicht beschreiben.
Ich frag auch nicht: »Wird dieser letzte bleiben?«
Ich gehe nur und weiß: ich bin erkannt.

CHRISTINE BUSTA

PSALM

Niemand knetet uns wieder aus Erde und Lehm,
niemand bespricht unsern Staub.
Niemand.
Gelobt seist du, Niemand.
Dir zulieb wollen
wir blühn,
Dir
entgegen.

Ein Nichts,
waren wir, sind wir, werden
wir bleiben, blühend:
die Nichts-, die
Niemandsrose.

Mit
dem Griffel seelenhell,
dem Staubfaden himmelswüst,
der Krone rot
vom Purpurwort, das wir sangen
über, o über
dem Dorn.

PAUL CELAN

Ich bin das Gefäß.
Gottes ist das Getränk.
Und Gott der Dürstende.

Vor dir in Demut,
mit dir in Treue,
in dir in Stille.

Heraus aus mir selbst, dem Hindernis,
hinaus zu mir selbst, der Erfüllung.

In dem Einen bist du niemals einsam,
in dem Einen bist du allezeit zu Hause.

DAG HAMMARSKJÖLD

Mit dem rechten Schwerpunkt in der Leibesmitte entdeckt der Mensch den *Wurzelraum* seines Daseins. Dies bedeutet aber zweierlei: Der Wurzelraum ist der Raum, auf den man sich niederlassen und verlassen kann, der trägt und einem, vorausgesetzt, daß man sich ihm anvertraut, das Gefühl eines sicheren Haltes vermittelt. Zum anderen aber ist es der Raum, aus dem man *hervorwächst*. Und je tiefer man in ihm Wurzeln schlägt, umso deutlicher spürt man, daß es einen wie von selbst nach oben wachsen läßt. Wird die Bewegung nach unten, in der man sich in den Schultern losläßt, im Becken niederläßt und dort Wurzeln schlagen läßt, in der rechten Weise vollzogen, so ist sie automatisch mit der Bewegung eines natürlichen nach oben Wachsens verbunden. Man spürt, wie die Kraft, die im Becken aufgeht, vor allem im »Rücken«, aber dann auch im ganzen Leibe nach oben steigt und in einem Freiwerden des oberen Raumes ein Gefühl des Gehobenwerdens erzeugt. Wie von selbst reckt die Wirbelsäule sich empor, und der ganze Oberkörper schwebt gleichsam in einem lebendigen, schwingenden Gleichgewicht auf dem Rumpf, »Der gesamte Körper befindet sich im labilen Gleichgewicht«. Die so entstehende »Aufrechte« ist voller Elastizität und Bewegung.

KARLFRIED GRAF DÜRCKHEIM

Die Geburt ist nicht ein augenblickliches Ereignis, sondern ein dauernder Vorgang. Das Ziel des Lebens ist es, ganz geboren zu werden, und seine Tragödie, daß die meisten von uns sterben, bevor sie ganz geboren sind. Zu leben bedeutet, jede Minute geboren zu werden. Der Tod tritt ein, wenn die Geburt aufhört.

ERICH FROMM

WER BIN ICH?

Wer bin ich?   Sie sagen mir oft,
ich träte aus meiner Zelle
gelassen und heiter und fest,
wie ein Gutsherr aus seinem Schloß.

Wer bin ich?   Sie sagen mir oft,
ich spräche mit meinen Bewachern
frei und freundlich und klar,
als hätte ich zu gebieten.

Wer bin ich?   Sie sagen mir auch,
ich trüge die Tage des Unglücks
gleichmütig, lächelnd und stolz,
wie einer, der Siegen gewohnt ist.

Bin ich das wirklich, was andere von mir sagen?
Oder bin ich nur das, was ich selbst von mir weiß?
Unruhig, sehnsüchtig, krank, wie ein Vogel im Käfig,
ringend nach Lebensatem, als würgte mir einer die Kehle,
hungernd nach Farben, nach Blumen, nach Vogelstimmen,
dürstend nach guten Worten, nach menschlicher Nähe,
zitternd vor Zorn über Willkür und kleinlichste Kränkung,
umgetrieben vom Warten auf große Dinge,
ohnmächtig bangend um Freunde in endloser Ferne,
müde und leer zum Beten, zum Denken, zum Schaffen,
matt und bereit, von allem Abschied zu nehmen?

Wer bin ich?   Der oder jener?
Bin ich denn heute dieser und morgen ein andrer?
Bin ich beides zugleich? Vor Menschen ein Heuchler
und vor mir selbst ein verächtlich wehleidiger
Schwächling?

Oder gleicht, was in mir noch ist, dem geschlagenen Heer,
das in Unordnung weicht vor schon gewonnenem Sieg?

Wer bin ich?   Einsames Fragen treibt mit mir Spott.
Wer ich auch bin, Du kennst mich. Dein bin ich, o Gott!

DIETRICH BONHOEFFER

Ohne Gott bin ich ein Fisch am Strand,
ohne Gott ein Tropfen in der Glut,
ohne Gott bin ich ein Gras im Sand
und ein Vogel, dessen Schwinge ruht.
Wenn mich Gott bei meinem Namen ruft,
bin ich Wasser, Feuer, Erde, Luft.

JOCHEN KLEPPER

Ich lebe mein Leben in wachsenden Ringen,
die sich über die Dinge ziehn.
Ich werde den letzten vielleicht nicht vollbringen,
aber versuchen will ich ihn.

Ich kreise um Gott, um den uralten Turm,
und ich kreise jahrtausendelang;
und ich weiß noch nicht: bin ich ein Falke, ein Sturm
oder ein großer Gesang.

RAINER MARIA RILKE

DER RADWECHSEL

Ich sitze am Straßenrand.
Der Fahrer wechselt das Rad.
Ich bin nicht gern, wo ich herkomme.
Ich bin nicht gern, wo ich hinfahre.
Warum sehe ich den Radwechsel
Mit Ungeduld?

BERTOLT BRECHT

DER MENSCH

Empfangen und genähret
vom Weibe wunderbar,
kömmt er und sieht und höret
und nimmt des Trugs nicht wahr;
gelüstet und begehret,
und bringt sein Tränlein dar;
verachtet und verehret,
hat Freude und Gefahr;
glaubt, zweifelt, wähnt und lehret,
hält nichts und alles wahr;
erbauet und zerstöret,
und quält sich immerdar;
schläft, wachet, wächst und zehret;
trägt braun und graues Haar…
und alles dieses währet,
wenns hoch kommt, achtzig Jahr.
Dann legt er sich zu seinen Vätern nieder,
und er kömmt nimmer wieder.

MATTHIAS CLAUDIUS

Des Menschen Seele
Gleicht dem Wasser:
Vom Himmel kommt es,
Zum Himmel steigt es,
Und wieder nieder
Zur Erde muß es,
Ewig wechselnd.

Seele des Menschen,
Wie gleichst du dem Wasser!
Schicksal des Menschen,
Wie gleichst du dem Wind!

JOHANN WOLFGANG VON GOETHE

SELIGE SEHNSUCHT

Sagt es niemand, nur den Weisen,
Weil die Menge gleich verhöhnet,
Das Lebendige will ich preisen,
Das nach Flammentod sich sehnet.

In der Liebesnächte Kühlung,
Die dich zeugte, wo du zeugtest,
Überfällt dich fremde Fühlung,
Wenn die stille Kerze leuchtet.

Nicht mehr bleibest du umfangen
In der Finsternis Beschattung,
Und dich reißet neu Verlangen
Auf zu höherer Begattung.

Keine Ferne macht dich schwierig,
Kommst geflogen und gebannt,
Und zuletzt, des Lichts begierig,
Bist du Schmetterling verbrannt.

Und so lang du das nicht hast,
Dieses: Stirb und werde!
Bist du nur ein trüber Gast
Auf der dunklen Erde.

JOHANN WOLFGANG VON GOETHE

Die Luft ist in uns und wir sind in der Luft;
Gott ist uns unendlich näher;
wir leben und schweben in Gott,
wir essen, trinken und arbeiten in Gott;
wir denken in Gott;
und wer Sünde tut
(erschrick nicht, daß ich so rede),
der sündigt in Gott.

GERHARD TERSTEEGEN

Freund, so du etwas bist, so bleib doch ja nicht stehn.
Man muß aus einem Licht fort in das andere gehn.

Der Punkt der Seligkeit besteht in dem allein:
Daß man muß wesentlich aus Gott geboren sein.

O Wesen, dem nichts gleich. Gott ist ganz außer mir,
und inner mir auch ganz, ganz dort und auch ganz hier.

ANGELUS SILESIUS

Ich trage in meinem Herzen nicht erst Buchstaben zusammen aus vielen Büchern, sondern ich habe den Buchstaben in mir. Liegt doch Himmel und Erden mit allem Wesen, dazu Gott selbst, im Menschen.

Der Jünger fragte den Meister:
Wo fähret die Seele denn hin,
wann der Leib stirbt,
sie sei selig oder finster?
Der Meister sprach:
Sie bedarf keines Ausfahrens;
das äußerliche, tödliche Leben
samt dem Leibe
scheiden sich nur von ihr.
Sie hat Himmel oder Hölle
zuvor in sich.
Welches in ihr
offenbar wird,
entweder der Himmel oder die Hölle,
darinnen stehet sie.

JAKOB BÖHME

Wenn dein Herz wandert oder leidet,
bring es behutsam an seinen Platz zurück
und versetze es sanft
in die Gegenwart deines Herrn.

Und selbst, wenn du nichts getan hast
in deinem ganzen Leben
außer dein Herz zurückzubringen
und wieder in die Gegenwart
unseres Gottes zu versetzen,
obwohl es jedesmal wieder fortlief,
nachdem du es zurückgeholt hattest,
dann hast du dein Leben wohl erfüllt.

FRANZ VON SALES

Nicht kann auch
aus Gottes Hand fallen,
wer (sogar) außerhalb seiner selbst
und aller Kreatur fällt,
die doch Gottes Hand
von allen Seiten umfaßt.
Stürze also durch die Welt,
wohin stürzest du?
Doch nur in die Hand
und an die Brust Gottes.

MARTIN LUTHER

DER MIST

Das Pferd macht im Stall den Mist,
und wiewohl der Mist Unflat und Gestank an sich hat,
zieht dasselbe Pferd denselben Mist
mit großer Anstrengung auf das Feld,
und daraus wächst edler, schöner Weizen
und der edle, süße Wein,
der niemals so wachsen würde, wäre der Mist nicht da. –
Ebenso trag deinen Mist – das sind deine eigenen
Schwächen, mit denen du nicht fertig werden,
die du nicht ablegen und überwinden kannst –
mit Anstrengung und Fleiß auf den Acker des liebevollen
Gottes und breite den Mist auf das edle Feld:
ohne Zweifel wächst daraus in demütiger Gelassenheit
edle, wonnigliche Frucht.

JOHANNES TAULER

Was du suchst, ist das, was sucht.

»Dein Wille geschehe, wie im Himmel so auf Erden«:
damit wir dich lieben aus ganzem Herzen (vgl. Lk 10,27),
indem wir immer an dich denken;
aus ganzer Seele, indem wir immer nach dir verlangen;
aus ganzem Gemüte, indem wir all unser Streben zu dir
hinlenken und deine Ehre in allem suchen;
und aus allen unseren Kräften, indem wir alle unsere Kräfte und Empfindungen der Seele und des Leibes zum Gehorsam gegen deine Liebe und für nichts anderes aufbie-
ten.
Und damit wir unsere Nächsten wie uns selbst lieben,
indem wir alle nach Kräften zu deiner Liebe hinziehen, uns
über das Gute der anderen wie über das unsrige freuen und
in Widerwärtigkeiten Mitleid mit ihnen haben und niemanden irgendwie beleidigen (vgl. 2. Kor 6,3).

FRANZ VON ASSISI

Ein Mann kam zur Tür der Geliebten und klopfte.

Eine Stimme fragte: »Wer ist da?«

»Ich bin es«, antwortete er.

Da sagte die Stimme: »Hier ist nicht genug Platz für Mich und Dich!«

Und die Tür blieb geschlossen…

Nach einem Jahr der Einsamkeit und Entbehrung kam der Mann wieder und klopfte.

Von drinnen fragte eine Stimme: »Wer ist da?«

»Du bist es!«, sagte der Mann.

Und die Tür wurde ihm geöffnet…

MEVLANA DSCHELÂLEDDIN RUMI

Daß ich dich überaus liebe, das habe ich von Natur,
weil ich die Liebe selber bin.
Daß ich dich oftmals liebe, hab ich von meiner Sehnsucht,
weil ich ersehne, daß man mich herzlich liebt.
Daß ich dich lange liebe, kommt von meiner Ewigkeit,
weil ich ohne Anfang und ohne Ende bin.

»Ich will das Licht auf den Leuchter setzen. Und in alle
Augen, die das Licht anschauen, wird ein außerordentli-
cher Strahl von diesem Lichte in das Auge der Erkenntnis
scheinen.«

Da fragte die Seele ohne Furcht in großer Untertänigkeit:

»Viellieber, wie soll der Leuchter sein?«

Da sprach unser Herr:
»»Ich bin das Licht‹, und deine Brust ist der Leuchter.«

MECHTHILD VON MAGDEBURG

Herr, mir kommen zuweilen
bis tief ins Innerste Zweifel,
ob ich Dich wirklich liebe.
Indessen bin ich mir wenigstens
darin ganz sicher,
dass ich immer *die Liebe zu Dir*
liebe. Ich liebe sie so sehr,
dass ich jedesmal,
wenn ich zu ihr ermahnt werde
oder mich an sie erinnere,
ganz erregt werde.
Ist dagegen von *Dir* die Rede
oder denke ich an *Dich*,
dann rührt und bewegt mich
dieser Gedanke nicht besonders,
und ich fürchte,
es könnte mir deutlich werden,
dass ich Dich nicht immer liebe.

So frage ich mich,
ob ich Dich wirklich liebe.
Wenn mir vorkommt,
als liebte ich Dich nicht,
dann bin ich mir selbst zuwider;
und wenn ich mir selbst
zuwider bin, gibt es nichts,
was ich lieben könnte.
Immerhin:
Ich spüre und kann sagen,
dass ich es liebe,
Dich zu lieben,
und zwar so sehr,
dass ich überhaupt nichts
lieben möchte,

was ich nicht in der Liebe zu Dir
und um dieser Liebe willen
lieben könnte.
Nicht einmal mich selbst.

Wenn Du mich daher heute
wie seinerzeit den Petrus
fragen würdest:
»Liebst du mich?«,
so würde ich nicht die Antwort
wagen: »Du weißt, dass ich
Dich liebe« (Joh. 21,17).
Aber frohen und sicheren
Gewissens könnte ich sagen:
»Du weißt, dass ich Dich
lieben *möchte*.«

WILHELM VON SAINT-THIERRY

Du magst es beschreiben,
aber vergeblich.
Male es, es hat keinen Wert.
Wenn die Welt zusammenstürzt,
»Es« ist unzerstörbar.

AUS DEM ZEN

Epheser 5,14

Wach auf, der du schläfst,
und steh auf von den Toten,
so wird dich Christus erleuchten.

Der Tag

DER TAG

»Abba Pior«, so sprach Abba Poimen,
»machte an jedem einzelnen Tag
einen ganz neuen Anfang.«

YUSHI NOMURA

Gott, dieser Tag
und was er bringen mag,
sei mir aus deiner Hand gegeben:
du bist der Weg, die Wahrheit und das Leben.

Du bist der Weg:
Ich will ihn gehen.
Du bist die Wahrheit:
Ich will sie sehen.
Du bist das Leben:
Mag mich umwehen
Leid und Kühle,
Glück und Glut,
alles ist gut,
so wie es kommt.
Gib, daß es frommt!

In deinem Namen
beginne ich. Amen.

HUBERTUS HALBFAS

RESPONSORIUM

O edles Grün, in der Sonne du wurzelst,
du leuchtest in strahlender Helle
im Kreise, den
irdisches Sinnen und Sein noch so hoch
kann niemals erfassen.
Umfangen wirst du von den Armen
der Geheimnisse Gottes.

Du schimmerst wie Morgenrot,
brennst wie die Sonnenglut.

Die Kräuter bieten einander den Duft ihrer Blüten; ein
Stein strahlt seinen Glanz auf die anderen, und jedwede
Kreatur hat einen Urtrieb nach liebender Umarmung.

HILDEGARD VON BINGEN

126

Du Licht des Himmels, großer Gott,
der ausgespannt das Sternenzelt
und der es hält mit starker Hand,
du sendest Licht in unsre Welt.

Die Morgenröte zieht herauf
und überstrahlt das Sternenheer,
der graue Nebel löst sich auf,
Tau netzt die Erde segensschwer.

Das Reich der Schatten weicht zurück,
das Tageslicht nimmt seinen Lauf,
und strahlend, gleich dem Morgenstern,
weckt Christus uns vom Schlafe auf.

Du Christus, bist der helle Tag,
das Licht, dem unser Licht entspringt,
Gott, der mit seiner Allmacht Kraft
die tote Welt zum Leben bringt.

Erlöser, der ins Licht uns führt
und aller Finsternis entreißt,
dich preisen wir im Morgenlied
mit Gott, dem Vater und dem Geist.

CHRISTLICHER HYMNUS 5./6. JH.

HEILIGER GEIST

Der helle Streifen aus Licht
manchmal gleitet er durch die Gedanken.
Verwandelt die Schwere
die eben noch auf den
Bewegungen lag und den Blick
so niederdrückte.

Dann warte nicht, zeig
das Versprechen, geh
mit offenem Gesicht:
einer, der lächelt in der Wüste
einer, der sich bewegt, als folgte er
einer vorausfliegenden Freude.

Der helle Streifen aus Licht
reicht vom Kopf übers Herz in die Hand und
will weiter von Mund zu Mund
von Herz zu Herz, von Hand zu Hand
will Lust zärtlich weitergeben und
zärtlich dem Schmerz begegnen.

Du, Menschenkind, weißt nicht
wie es kam.

HEINZ KATTNER

WO DAS LICHT WOHNT

Morgen, gleich morgen früh
werden wir den Hügel hinaufwandern
hinter dem die Sonne wohnt
und hinunterschauen ins finstre Tal
ins Tal der Nacht, wo die Sonne wohnt
und morgen früh werden wir wissen,
wo die Sonne wohnt
und daß der Name des Hauses wo die Sonne wohnt
ist der Name Nacht.

Abends, gleich heute abend
wollen wir ins Wasser tauchen
unter dem der Mond wohnt
hinuntergleiten in die dunkle Tiefe
bis zum Grund der Nacht, wo der Mond wohnt
und heute abend werden wir wissen,
wo der Mond wohnt
und daß der Name der Straße wo der Mond wohnt
ist der Name Nacht.

Nachts, gleich heute nacht
gehen wir die Höhle suchen
in der das Feuer wohnt
tastend durch die schwarzen Stunden
bis zur Höhle der Nacht, wo das Feuer wohnt
und um Mitternacht werden wir wissen,
wo das Feuer wohnt
und daß der Name der Stätte wo das Feuer wohnt
ist der Name Nacht.

Gleich, gleich diesen Augenblick
diesen Augenblick und immer
suchen wir den Stein in dem das Licht wohnt
blinden Auges und mit fühllosen Händen
suchen wir den Stein in dem das Licht wohnt
  und aus dem es aufbricht,
  wenn der Stein zerbricht
  strahlend,
  offenbar und wunderbar!

Wann werden wir stoßen auf den Stein?

Wann werden wir wissen den Namen?

Wann werden wir erfahren
  daß der Name des Raumes wo das Licht wohnt
  ist der Name Nacht?

AGNES KUNZE

AM RANDE

Manchmal auf einer Schwelle sitzen,
ausruhn vom Gehn, das nicht ankommt,
die Tür hinter dir und nicht klopfen.

Alle Geräusche wahrnehmen
und keines verursachen.
Das Leben, das dich nicht annimmt, erhören:
im Haus, auf der Straße,
das Herz der Maus und des Motors,
die Stimmen von Luft und Wasser,
die Schritte des Menschen, der Sterne,
das Seufzen von Erde und Stein.

Manchmal setzt sich das Licht zu dir
und manchmal der Schatten,
treue Geschwister.
Staub will nisten auf dir
und unbetretbarer Schnee.

Langsam unter der Zunge
wärmt sich dein letztes Wort.

CHRISTINE BUSTA

AUFERSTEHUNG

Manchmal stehen wir auf
Stehen zur Auferstehung auf
Mitten am Tage
Mit unserem lebendigen Haar
Mit unserer atmenden Haut.

Nur das Gewohnte ist um uns.
Keine Fata Morgana von Palmen
Mit weidenden Löwen
Und sanften Wölfen.

Die Weckuhren hören nicht auf zu ticken
Ihre Leuchtzeiger löschen nicht aus.

Und dennoch leicht
Und dennoch unverwundbar
Geordnet in geheimnisvolle Ordnung
Vorweggenommen in ein Haus aus Licht.

MARIE-LUISE KASCHNITZ

MANCHMAL

für einen Augenblick
halte ich ein,
mitten im Trubel des Tages,
schließe meine Augen
und meine Ohren
und bin einen Augenblick
glücklich;
Ich bin nicht allein
du bist da, mein Gott!
Mittendrin.

CHRISTA WEISS

Möge dein Weg dir freundlich entgegenkommen,
Wind dir den Rücken stärken,
Sonnenschein deinem Gesicht
viel Glanz und Wärme geben.
Der Regen möge deine Felder tränken,
und bis wir beide, du und ich, uns wiedersehen,
halte Gott dich schützend in seiner bergenden Hand.

IRISCHER REISESEGEN

Der Herr sei neben dir,
um dich zu bewahren
vor der Heimtücke böser Menschen.

Der Herr sei unter dir,
um dich aufzufangen, wenn du fällst,
und dich aus der Schlinge zu ziehen.

Der Herr sei in dir,
um dich zu trösten, wenn du traurig bist.

Der Herr sei um dich herum,
um dich zu verteidigen,
wenn andere über dich herfallen.

Der Herr sei über dir,
um dich zu segnen.
So segne dich der gütige Gott.

ALTCHRISTLICHES SEGENSGEBET

Herr,
ich habe es satt,
den Hals zu verdrehen
und jedem Trugbild nachzugaffen.
Ich drehe mich nicht mehr um.
Geradeaus sehe ich und schweige.
Ich gönne meinem Nacken Ruhe.

Denn mein Nacken ist müde,
müde vom ewigen Drehen und Wenden.
Mache mich zu einem Menschen,
der geradeaus geht,
daß ich nur auf deinen Weg schaue,
den Weg, den du zeigst.

Meine Ohren sind müde
vom Lärm der Züge und Autos,
müde vom Nachhall der Worte,
vom Kopfweh kommender Tage,
sehr, sehr müde
und beinah ertötet
vom klingenden, betäubenden Lärm.

Ich habe es satt, gereizt zu werden,
gereizt von den vielen Dingen draußen
und von der Selbstsucht drinnen.
Herr, reize du mich,
daß deine große Liebe mich treibt
und ich in Ewigkeit fröhlich bin.

JOHN MBITI

Bleibe bei uns Herr;
denn es will Abend werden,
und der Tag hat sich geneiget.
Bleibe bei uns
und bei deiner ganzen Kirche.
Bleibe bei uns
am Abend des Tages,
am Abend der Welt.
Bleibe bei uns
mit deiner Gnade und Güte,
mit deinem heiligen Wort und Sakrament,
mit deinem Trost und Segen.
Bleibe bei uns,
wenn über uns kommt
die Nacht der Trübsal und Angst,
die Nacht des Zweifels und der Anfechtung,
die Nacht des bitteren Todes.
Bleibe bei uns
und bei allen Deinen Gläubigen
in Zeit und Ewigkeit.
Amen.

WILHELM LÖHE

Bald naht die Nacht – –
Jeder Tag der erste –. Jeder Tag ein Leben.
Jeden Morgen soll die Schale unseres Lebens hingehalten
werden, um aufzunehmen, zu tragen und zurückzugeben.
Leer hinreichen – denn was vorher war, soll sich nur spie-
geln in ihrer Klarheit, ihrer Form und ihrer Weite.

DAG HAMMARSKJÖLD

Sinkt jeder Tag
hinab in jeder Nacht,
so gibt's einen Brunnen,
der drunten die Helligkeit hält.

Man muß an den Rand
des Brunnendunkels hocken,
entsunkenes Licht zu angeln
mit Geduld.

PABLO NERUDA

ENGEL
die in undefinierbaren Himmeln wohnen
auf Wolken sitzend hernieder lächeln auf eine gequälte
Menschheit
solche Engel brauchen wir nicht in unseren Nächten.

ENGEL
die übers Wasser gehen und Ertrinkende halten
ENGEL
die unter der Erde wandern und Wege tragen
ENGEL
die in der Wüste Durstige tränken aus verborgenen
Brunnen
die Pfeile aufhalten, Wunden heilen, Tränen abwischen
und angesichts der Schrecken dieser Erde Dir zurufen:

FÜRCHTE DICH NICHT!

Das sind Engel, die wir brauchen in unseren Nächten.

Schau Dich nicht um, denn es könnte sein,
daß Du ihn nicht siehst im grellen Schein des vernünftigen
Tages
Ihn, der Dir den Rücken stärkt und dem Du es glaubst, daß
er da ist.
Ihn, den ENGEL von dem Du weißt,
daß er Dir beisteht in Deinen Nächten.

AGNES KUNZE

Wache Du – Herr –
Mit denen – die wachen
Oder weinen in dieser Nacht –
Hüte Deine Kranken
Laß Deine Müden ruhen
Segne Deine Sterbenden
Tröste Deine Leidenden
Erbarme Dich Deiner Betrübten
Und sei mit Deinen Fröhlichen

AURELIUS AUGUSTINUS

Wir sagen dir Dank, o Gott,
durch Deinen Knecht Jesus Christus, unseren Herrn,
weil du uns erleuchtet
und uns das unvergängliche Licht geoffenbart hast.
Wir haben den Tageslauf vollendet
und die Nacht ist angebrochen.
Uns hat das Tageslicht geschienen,
das Du erschaffen hast zu unserer Freude.
Und jetzt, da uns das Abendlicht nicht fehlt,
besingen wir Deine Heiligkeit und Ehre
durch deinen einziggezeugten Sohn,
unseren Herrn Jesus Christus.
Durch Ihn und mit Ihm besitzt Du Herrlichkeit,
Macht und Ehre mit dem Heiligen Geist
jetzt und bis in Ewigkeit. Amen.

HIPPOLYT

Rabbi Jehuda wurde einmal gefragt, wie es denn käme, daß er so gut schlafen könne. »Wie das zugeht, daß ich sogleich einschlafe? Es geht so zu, daß ich mich hergebe. Wie in mütterliche Arme gebe ich mich her. All mein Widerstand fällt im Nu ab, und ich gebe mich her.«

Wie geht es zu, daß wir nicht gut einschlafen können und uns den Schlaf durch Drogen erschleichen müssen? Es geht so zu, daß wir immerzu im Widerstand leben und uns festhalten. Wir wollen uns nicht hergeben, sondern klammern uns an das bunte Geschehen des vergangenen Tages, wir bangen schon wieder vor den Mühen des nächsten Morgens.

Der Schlaf ist ein Wagnis. Weiß ich denn, ob ich wieder erwache? Vielleicht lauert mir einer auf, vielleicht wartet der Tod in meiner Kammer. Hilflos bin ich tausend Gefahren ausgesetzt und kann mich dagegen nicht schützen.

Schlafen kann nur, wer vertrauen kann. Wer sich nicht der Nacht anvertrauen kann, wer unter dem Zwang steht, in eigener Regie für Sicherheit sorgen zu müssen, lernt nicht die Kunst des rechten Schlafens.

Es ist nicht zu leugnen: Schlaf und Tod haben manches gemeinsam. Das Einschlafen hat etwas mit dem Sterben zu tun. »Der Vergessenheit Bruder und Bruder des Todes bist du«, so besingt ein griechischer Hymnus den Schlaf. Der Schlaf überfällt uns, zieht uns in seine Herrschaft. Aber wer einschlafen kann, der kann auch aufwachen. Wer nicht enden kann, der kann auch nicht anfangen. Die Alten sprachen von einer Kunst des Sterbens. Man kann sich in diese Kunst einüben durch die Kunst des Einschlafens.

Der Schlaf ist ein milder Herrscher. Überlassen wir uns ihm, so sammelt er unsere ausgegebenen Kräfte und bindet sie wieder zusammen. Er heilt Wunden, schließt das Auseinanderklaffende, löscht das Brennende. Wir kehren heim aus der Zerstreuung, werden wieder zum Kind, ja, wir dürfen in einen Mutterschoß. Schlafen kann nur, wer sich beschenken lassen kann. Das Wichtigste in unserem Leben bekommen wir immer geschenkt.

OTTO UND FELICITAS BETZ

NACHTS

Nachts hören, was nie gehört wurde:
den hundertsten Namen Allahs,
den nicht mehr aufgeschriebenen Paukenton,
als Mozart starb,
im Mutterleib vernommene Gespräche.

GÜNTER EICH

Mein sind die Tage nicht, die mir die Zeit genommen.
Mein sind die Tage nicht, die erst noch werden kommen.
Der Augenblick ist mein, und nehm' ich den in acht,
so ist der mein, der Zeit und Ewigkeit gemacht.

ANDREAS GRYPHIUS

Solange die Erde steht,
soll nicht aufhören Saat und Ernte,
Frost und Hitze,
Sommer und Winter,
Tag und Nacht.

Das Jahr

DAS JAHR

WINTERPSALM

Dein Name
ist gefallen
Dein Name
fällt

Und ist kein
anderer Name
auf den sich mein
weggeschnittener
Atem reimt

Und er heißt
Wunderbar Rat
Stecken und Stab
Begehbarer Weg
Eis
über meinem Bodensee

Geheiligt werde
dein zugefrorener Name

EVA ZELLER

IM STALLE ZU B.

Bei dir im Stalle ist's warm.
Auf dem Felde schlug uns mit Geißeln der Winter.
Heiliges Kind, entsprungen der schneeigen Rose,
leuchtend auf Stroh,
benetzt vom Seime der Kälber,
dich zu sehen sind wir gekommen,
nicht um aufzubürden dir
unsere dornige Angst. –
Und wir stehen
im Hauch der milchsanften Tiere
wie unter dem milden Süd.
Goldenes Öl rinnt vom Berg der Oliven...
Auch sind Davids Harfentöne
zu dir gekommen wie Paten,

und ist es nicht, als weile Uria hier,
der treu einfältige Hauptmann,
dem der König das Weib nahm, Bathseba,
und es schwängerte auf Wolken Jahwes,
Uria salomonische Weisheiten murmelnd? –
Wie fern unsere stechende Angst,
da wir sehen, wie deine rosige Hand
aus dem Krippenstroh greift
nach des Mondes silbernem Horn...

Unter Mariens prophetischem Himmel
wandern noch immer gute Gäste zu dir
über des Schnees Leichentuch.

Und kürzlich ist zu dir eingekehrt
Tonoko, das Kind mit tödlichen Wunden geboren,
das Mädchen, unter dem giftigen Pilz
in Hiroshima zur Sekunde des Blitzes,
Tonoko, an der Hand des verschwiegendsten
Schweigens
aus dem Schweigelager von W.

ERNST MEISTER

Wird Christus tausendmal zu Bethlehem geboren
und nicht in dir: du bleibst noch ewiglich verloren.

Ach könnte nur dein Herz zu einer Krippe werden,
Gott würde noch einmal ein Kind auf dieser Erden.

ANGELUS SILESIUS

Wir sind Mütter Christi, wenn wir ihn durch Liebe und ein reines, ernsthaftes Gewissen in unserem Herzen und Körper tragen. Und wir gebären ihn in heiligen Werken, die durch unser Beispiel auf andere ausstrahlen sollten.

FRANZ VON ASSISI

Ich meine: hätte Maria nicht zuerst geistig geboren, er wäre von ihr nie leiblich geboren worden. Eine Frau sagte zu unserem Herrn: Selig ist der Leib, der dich getragen hat! Da antwortete unser Herr: Nicht allein der Leib, der mich getragen hat, ist selig; selig sind, die Gottes Wort hören und behalten! (Lk 11, 27.28) Für Gott ist es (noch) wertvoller, daß er von jeder »Jungfrau«, d. h. jeder guten Seele, geistig geboren wird, als daß er von Maria leiblich geboren wurde.

Hast du Herzeleid, so bist du noch nicht »Mutter«, du bist vielmehr noch im Gebären und nahe der Geburt…

Darum sage ich: Geschieht es, daß das »Kind« in dir geboren wird, so hast du große Freude…

So denn befleißigt euch, daß das »Kind« nicht nur geboren *werde*, sondern geboren *sei*, so wie in Gott der Sohn allzeit geboren ist und allzeit geboren *wird*.

MEISTER ECKEHART

GRÜNDONNERSTAG

Gründonnerstag ist
noch nicht richtig Ostern

aber im Sichentfernen
klingt die Notarztsirene

als käme zum Fest
alles zur Ruhe.

GEORG OSWALD COTT

KARFREITAG

Verhangener Tag, im Wald noch Schnee,
Im kahlen Holz die Amsel singt:
Des Frühlings Atem ängstlich schwingt,
Von Lust geschwellt, beschwert von Weh.

So schweigsam steht und klein im Gras
Das Krokusvolk, das Veilchennest,
Es duftet scheu und weiß nicht was,
Es duftet Tod und duftet Fest.

Baumknospen stehn von Tränen blind,
Der Himmel hängt so bang und nah,
Und alle Gärten, Hügel sind
Gethsemane und Golgatha.

HERMANN HESSE

ENTWURF FÜR EIN OSTERLIED

Die Erde ist schön, und es lebt sich
leicht im Tal der Hoffnung.
Gebete werden erhört. Gott wohnt
nah hinterm Zaun.

Die Zeitung weiß keine Zeile vom
Turmbau. Das Messer
findet den Mörder nicht. Er
lacht mit Abel.

Das Gras ist unverwelklicher
grün als der Lorbeer. Im
Rohr der Rakete
nisten die Tauben.

Nicht irr surrt die Fliege an
tödlicher Scheibe. Alle
Wege sind offen. Im Atlas
fehlen die Grenzen.

Das Wort ist verstehbar. Wer
Ja sagt, meint Ja, und
Ich liebe bedeutet: jetzt und
für ewig.

Der Engel steht abends am Tor
Er hat gebräuchliche Namen
und sagt, wenn ich sterbe:
steh auf.

RUDOLF OTTO WIEMER

Wenn es so etwas wie Zukunftsmusik gibt,
dann war sie damals,
dann ist sie am Ostermorgen an der Zeit:
Zur Begrüßung des neuen Menschen,
über den der Tod nicht mehr herrscht.
Das müsste freilich eine Musik sein –
nicht nur für Flöten und Geigen,
nicht nur für Trompeten, Orgel und Kontrabass,
sondern für die ganze Schöpfung geschrieben,
für jede seufzende Kreatur,
so dass alle Welt einstimmen
und Groß und Klein, und sei es unter Tränen,
wirklich jauchzen kann,
ja so, dass selbst die stummen Dinge
und die groben Klötze mitsummen und
mitbrummen müssen:
Ein neuer Mensch ist da,
geheimnisvoll uns allen weit voraus,
aber doch eben da.

EBERHARD JÜNGEL

Der auferstandene Christus kommt, um im Innersten des
Menschen ein Fest lebendig werden zu lassen. Er bereitet
uns einen Frühling der Kirche: einer Kirche, die über keine
Machtmittel mehr verfügt, bereit, mit allen zu teilen, ein
Ort sichtbarer Gemeinschaft für die ganze Menschheit. Er
wird uns genügend Phantasie und Mut dazu geben, einen
Weg der Versöhnung zu bahnen. Er selber wird uns bereit
machen, unser Leben hinzugeben, damit der Mensch nicht
mehr Opfer des Menschen sei.

TAIZÉ

DIE TOTE LIEBE

Entgegen wandeln wir
Dem Dorf im Sonnenkuß,
Fast wie das Jüngerpaar
Nach Emmaus,
Dazwischen leise
Redend schritt
Der Meister, dem sie folgten,
Und der den Tod erlitt.
So wandelt zwischen uns
Im Abendlicht
Unsre tote Liebe,
Die leise spricht.
Sie weiß für das Geheimnis
Ein heimlich Wort,
Sie kennt der Seelen
Allertiefsten Hort.
Sie deutet und erläutert
Uns jedes Ding,
Sie sagt: So ist's gekommen,
Daß ich am Holze hing.
Ihr habet mich verleugnet
Und schlimm verhöhnt,
Ich saß im Purpur,
Blutig, dorngekrönt,
Ich habe Tod erlitten,
Den Tod bezwang ich bald,
Und geh' in eurer Mitten
Als himmlische Gestalt –
Da ward die Weggesellin
Von uns erkannt,
Da hat uns wie den Jüngern
Das Herz gebrannt.

CONRAD FERDINAND MEYER

WENN, DANN

wenn einer käme
der Geist
der Begeisterung nahte
mit lautlosen Schwingen
die Schläfen berührte
uns Schlafende weckte: einzelne erst
auf allen Kontinenten,

fliegende Städte liesse er
Wurzeln schlagen,
betenden Armen würde er
Flügel leihn.

Dann würden Gottheiten wach,
die bislang
weder Namen noch Tempel hatten
ausserhalb unseres Traums:
zärtliche Menschen, die aufstehen
gegen die Steingedanken.

Und wir nähmen befremdet
Orakel-Witterung,
wüssten auf einmal:
alle Weissagungen
werden wahr.

Immer wieder
entstünde aus Liebe
eine aufmerksame
Nachbarschaft.

Dann schlüge
die frohe Botschaft
vom anderen Leben
von neuem die Augen auf
und stotterte in hundert Sprachen
gleichzeitig auf fünf Kontinenten
als hätten wir nie sie gehört
die ersten Worte
noch benommen von den Alpträumen
der letzten Epoche.

Wenn der Tag käme
Dein Tag
ein Tag ohne Kreuzigungen
ohne Razzien
und Rachegedanken

der Tag
an dem die Beter lieben
und die Büsser tanzen
an dem die Spötter um Vergebung bitten
und die Neider bereuen
Wenn die verlorenen Väter heimkehren
zu Sohnes-Haus
am Schlachttag des Goldenen
Wohlstandskalbs.

REIMAR LENZ

HERBSTTAG

Herr: es ist Zeit. Der Sommer war sehr groß.
Leg deinen Schatten auf die Sonnenuhren,
und auf den Fluren laß die Winde los.

Befiehl den letzten Früchten voll zu sein;
gieb ihnen noch zwei südlichere Tage,
dränge sie zur Vollendung hin und jage
die letzte Süße in den schweren Wein.

Wer jetzt kein Haus hat, baut sich keines mehr.
Wer jetzt allein ist, wird es lange bleiben,
wird wachen, lesen, lange Briefe schreiben
und wird in den Alleen hin und her
unruhig wandern, wenn die Blätter treiben.

RAINER MARIA RILKE

HERBST

Die Blätter fallen, fallen wie von weit,
als welkten in den Himmeln ferne Gärten;
sie fallen mit verneinender Gebärde.

Und in den Nächten fällt die schwere Erde
aus allen Sternen in die Einsamkeit.

Wir alle fallen. Diese Hand da fällt.
Und sieh dir andre an: es ist in allen.

Und doch ist Einer, welcher dieses Fallen
unendlich sanft in seinen Händen hält.

RAINER MARIA RILKE

HERBSTBILD

Dies ist ein Herbsttag, wie ich keinen sah!
   Die Luft ist still, als atmete man kaum,
Und dennoch fallen raschelnd, fern und nah,
   Die schönsten Früchte ab von jedem Baum.

O stört sie nicht, die Feier der Natur!
   Dies ist die Lese, die sie selber hält,
Denn heute löst sich von den Zweigen nur,
   Was vor dem milden Strahl der Sonne fällt.

FRIEDRICH HEBBEL

Vom baum lernen
der jeden tag neu
sommers und winters
nichts erklärt
niemanden überzeugt
nichts herstellt

Einmal werden die bäume die lehrer sein
das wasser wird trinkbar
und das lob so leise
wie der wind an einem septembermorgen.

DOROTHEE SÖLLE

In einem
guten Wort
ist Wärme
für
drei Winter.

AUS DER MONGOLEI

DER BAUM

Dann war da dieser Baum.
Nichts weiter als grün,
wenn es soweit war,
mit einem Schatz von Blättern und Vögeln,
Schatten, je nach Tageszeit,
bei schönem Wetter,
ohne Umwelt, für sich,
mit Gewitter und Leuten,
die sich kurz unter ihm
liebten,
den Kopf voll Sonne –
ein Gedicht wert wie dieses.
Dieser Baum. Ich warf
einen Stein nach ihm.
Er kam nicht zurück.
Ich bestieg ihn langsam
und verirrte mich
in einem fernen Land.

KARL KROLOW

BAUM

Auch jetzt,
wenn die
Nebel über
dir liegen
wie graue
Schleier,
bleibst du
mir vertraut –
Baum
vor meinem
Fenster,
auch mit
deinen kahlen
Ästen, die
wie nackte
Arme den
Wintertag
umfangen,
bist du
mein Freund,
der meinem
Herzen
die gleiche
Zuflucht
gewährt
wie dem
Vogel in
den schützenden
Ästen ...

GISELA GOEDECKE

DER 8. SCHÖPFUNGSTAG

Die Natur schläft nie. Die Entwicklung des Lebens steht nie still. Die Schöpfung ist noch nicht zu Ende. Die Bibel sagt, Gott schuf den Menschen am sechsten Tag und ruhte dann, aber jeder dieser sechs Tage dauerte viele Millionen Jahre. Jener Ruhetag muß recht kurz gewesen sein. Der Mensch ist nicht ein Ende; er ist ein Anfang. Wir stehn am Beginn der zweiten Woche. Wir sind Kinder des achten Tags.

THORNTON WILDER

. . . .

Ein neues Gebot
gebe ich euch,
dass ihr euch
untereinander liebt,
wie ich euch
geliebt habe.

ICH UND DIE ANDERN

ZWEI MENSCHEN

Wir reden.
Wir reden dauernd
aneinander vorbei.

Wir reden.
Wir reden uns
immer weiter auseinander.

Vielleicht
schweigen wir uns
wieder zusammen.

LOTHAR ZENETTI

SOLA GRATIA

einen engel
wünsche ich allen
die ohne grund
lächeln: aus
gottes grazie
allein

KURT MARTI

DEN EIGENEN WEG GEHEN

Gemeinsam gehen. Lange Zeit.
Sich trennen können,
bevor der Haß die Seele zerstört.
Die Entwicklung des anderen achten,
ihn nicht zum Sklaven machen.
Dem andern seine Talente glauben.
Ihn nicht zum Ja-Sager erziehen.
Dem andern Lebensraum geben.
Niemanden zum Mitgehen zwingen.
Nachgeben können,
ohne verbittert zu sein.
Großzügig denken.
Glauben können!
Es ist ja genug da
von allem und jedem.

MARTIN GUTL

DIE NÄHE EINES MENSCHEN

wußten sie schon
daß die stimme eines menschen
einen anderen menschen
wieder aufhorchen läßt
der für alles taub war
wußten sie schon
daß das anhören eines menschen
wunder wirkt
daß das wort
oder das tun eines menschen
wieder sehend machen kann
einen
der für alles blind war
der nichts mehr sah
der keinen sinn mehr sah in dieser welt
und in seinem leben
wußten sie schon
daß das zeithaben für einen menschen
mehr ist als geld
mehr als medikamente
unter umständen mehr
als eine geniale operation
wußten sie schon
daß die nähe eines menschen
gesund machen
krank machen
tot und lebendig machen kann
wußten sie schon
daß die nähe eines menschen
gut machen
böse machen
traurig und froh machen kann

wußten sie schon
daß das wegbleiben eines menschen
sterben lassen kann
daß das kommen eines menschen
wieder leben läßt

als jesus
den tauben heilte
da ist er mit dem finger
in dessen ohren gegangen
er blieb nicht auf distanz
jesus ist ganz dicht
an den tauben herangetreten
und hat gesagt:
komm laß mich mal an deine ohren heran
und dann hat jesus mit dem finger
in seinen ohren gebohrt
die waren nämlich total verstopft
jesus hat den gehörgang des tauben
frei gemacht
von floskeln
von lügen
von allgemeinplätzen
von vorurteilen
ganz tief drinnen
das alles hatte den mann taub gemacht
er konnte durch diesen ganzen wust
nicht mehr richtig hindurchhören
jesus hat das geschafft
indem er ganz nahe
an den mann heranging
und nicht bloß distanziert
belehrungen und ermahnungen erteilte
von oben herab

als jesus
den stummen heilte
ja … was da?!
da ist er ganz nahe herangegangen
an diesen stummen menschen
hat ihn umarmt
hat sich nicht distanziert verhalten
wie ein mensch
ist er ganz nahe herangegangen
und hat mit dem finger
speichel aus seinem mund genommen
und den speichel
dem stummen auf die zunge gestrichen
ganz konkret
bah … speichel!
wo bleibt da die hygiene
aber
was ist bei verliebten »bah …«
und diese ungeheure menschliche nähe
diese nicht gespielte zuneigung
löste und erlöste den stummen
das ist erlösung!!
wenn einer so kommt –
da tat der stumme seinen mund auf
das alles vorher war vielleicht
wortlos zugegangen
wie liebesspiele wortlos vor sich gehen
und jetzt spricht auch jesus mit ihm
dem nicht mehr stummen
und sie verstehen sich
und von da an
wagte der stumme
wieder mit menschen zu sprechen
weil er einem menschen begegnet war

denn
sprechen ist ein wagnis
wenn es nicht bloßes plappern sein soll
nichtssagendes plappern
wirkliches sprechen
ist ein wagnis
dieser stumme
wagte wieder den mund aufzutun
weil er einen menschen gegenüber hatte
dem er sich öffnen konnte
ohne gedemütigt zu werden
deshalb wagte er wieder
den mund aufzutun.

WILHELM WILLMS

als sie mit zwanzig
ein kind erwartete
wurde ihr heirat
befohlen

als sie geheiratet hatte
wurde ihr verzicht
auf alle studienpläne
befohlen

als sie mit dreißig
noch unternehmungslust zeigte
wurde ihr dienst im hause
befohlen

als sie mit vierzig
noch einmal zu leben versuchte,
wurde ihr anstand und tugend
befohlen

als sie mit fünfzig
verbraucht und enttäuscht war
zog ihr mann
zu einer jüngeren frau

liebe gemeinde
wir befehlen zu viel
wir gehorchen zu viel
wir leben zu wenig

KURT MARTI

Möge der,
welcher unser Vater
für die Christen ist,
Jahwe für die Juden,
Allah für die Mohammedaner,
Buddha für die Buddhisten,
Brahma für die Hindus,
möge dieses allmächtige
und allwissende Wesen,
das wir als Gott anerkennen,
den Menschen den Frieden geben
und unsere Herzen in einer
geistigen Geschwisterschaft
vereinen.

GEBET AUS INDIEN

LEBENSLAUF

warten

auf den augen-
blick ohne stimmen
ohne wörter zwischen
dir und mir

nur mit
dem atem

auf den
augenblick
zwischen uns

wie
auf den
messias

warten

RICHARD EXNER

WORT AN WORT

Wir wohnen
Wort an Wort

Sag mir
dein liebstes
Freund

meines heißt
DU

ROSE AUSLÄNDER

Je treulicher du nach innen lauschst,
um so besser wirst du hören,
was um dich ertönt.
Nur wer hört, kann sprechen.
Führt hier der Weg zur Vereinigung
der beiden Träume:
das Leben in Klarheit zu spiegeln
– in Reinheit zu gestalten?

DAG HAMMARSKJÖLD

Das der echten Herzensnot
entwachsene Wort, das
das eigene Herz stärken soll,
stärkt auch die Herzen
der Hörenden.

JEAN GEBSER

LIEBES-LIED

Wie soll ich meine Seele halten, daß
sie nicht an deine rührt? Wie soll ich sie
hinheben über dich zu andern Dingen?
Ach gerne möcht ich sie bei irgendwas
Verlorenem im Dunkel unterbringen
an einer fremden stillen Stelle, die
nicht weiterschwingt, wenn deine Tiefen schwingen.
Doch alles, was uns anrührt, dich und mich,
nimmt uns zusammen wie ein Bogenstrich,
der aus zwei Saiten *eine* Stimme zieht.
Auf welches Instrument sind wir gespannt?
Und welcher Geiger hat uns in der Hand?
O süßes Lied.

RAINER MARIA RILKE

VIVA!

Mein Wünschen sprudelt in der Sehnsucht meines Blutes
Wie wilder Wein, der zwischen Feuerblättern glüht.
Ich wollte, Du und ich, wir wären eine Kraft,
Wir wären eines Blutes
Und ein Erfüllen, eine Leidenschaft,
Ein heisses Weltenliebeslied!

Ich wollte, Du und ich, wir würden uns verzweigen,
Wenn sonnentoll der Sommertag nach Regen schreit
Und Wetterwolken bersten in der Luft!
Und alles Leben wäre unser Eigen;
Den Tod selbst rissen wir aus seiner Gruft
Und jubelten durch seine Schweigsamkeit!

Ich wollte, dass aus unserer Kluft sich Massen
Wie Felsen aufeinandertürmen und vermünden
In einen Gipfel, unerreichbar weit!
Dass wir das Herz des Himmels ganz erfassen
Und uns in jedem Hauche finden
Und überstrahlen alle Ewigkeit!

Ein Feiertag, an dem wir ineinanderrauschen,
Wir beide ineinanderstürzen werden,
Wie Quellen, die aus steiler Felshöh' sich ergiessen
In Wellen, die dem eignen Singen lauschen
Und plötzlich niederbrausen und zusammenfliessen
In unzertrennbar, wilden Wasserheerden!

ELSE LASKER-SCHÜLER

Rabbi Mosche Löb erzählte: »Wie man die Menschen lieben soll, habe ich von einem Bauern gelernt. Der saß mit anderen Bauern in einer Schenke und trank. Lange schwieg er wie die andern alle, als aber sein Herz von Wein bewegt war, sprach er seinen Nachbarn an: ›Sag du, liebst du mich oder liebst du mich nicht?‹ Jener antwortete: ›Ich liebe dich sehr.‹ Er aber sprach wieder: ›Du sagst: ich liebe dich, und weißt doch nicht, was mir fehlt. Liebtest du mich in Wahrheit, du würdest es wissen.‹ Der andre vermochte kein Wort zu erwidern, und auch der Bauer, der gefragt hatte, schwieg wieder wie vorher. Ich aber verstand: das ist die Liebe zu den Menschen, ihr Bedürfen zu spüren und ihr Leid zu tragen.«

MARTIN BUBER

Hier die Geschichte, wie Rabbi Jaakob-Jossef von Polnoje für den Chassidismus gewonnen wurde.

Eines Morgens kam er zur Synagoge von Scharigrod und fand sie leer.

»Wo sind die Gläubigen?« erkundigte er sich beim Schammes.

»Auf dem Marktplatz.«

»Alle? Zu dieser Stunde, die doch die Gebetsstunde ist?«

»Ja, nun also: Dort ist nämlich dieser Fremde. Er erzählt Geschichten. Und wenn er spricht, will keiner weggehen.«

»Ah, der Unverschämte! Geh und bring ihn her!«

Dem Schammes blieb nichts anderes übrig, als zu gehorchen: Das war sein Geschäft. Er lief zum Marktplatz, trat zu dem Erzähler hin und teilte ihm den Befehl mit.

»Gut«, sagte der Fremde ruhig. »Ich komme.«

Der Rabbiner empfing ihn sitzend.

»Wer bist du, daß du es wagst, diese Gemeinde vom Wege des Herrn wegzulocken?«

»Erzürnt Euch nicht«, sagte der Besucher. »Ein Rabbiner wie Ihr sollte niemals in Zorn geraten. Hört lieber eine Geschichte.«

»Was! Noch mehr Geschichten! Deine Frechheit übersteigt alle Grenzen! Willst du mich noch zorniger machen?!«

»Man muß den Zorn beherrschen können«, erwiderte der Besucher sanft. »Hört mich an ...«

Im Tonfall des Fremden war etwas, das den Rabbiner so aus der Fassung brachte, daß er schwieg; er konnte nicht anders, als zuhören; noch nie hatte es ihn so danach verlangt, zuzuhören.

»Es ist eine Geschichte, die mir zugestoßen ist«, sagte der Baal-Schem. »Ich reiste in einer Kutsche, die von drei Pferden gezogen wurde – jedes hatte eine andere Farbe, und keines wieherte. Und ich verstand nicht, warum die Tiere stumm waren. Bis zu dem Tag, an dem ich einem Bauern begegnete, der mir zurief, die Zügel doch locker zu lassen. Auf der Stelle begannen die drei Rosse zu wiehern.«

Wie in einer jähen Erleuchtung verstand der Rabbiner von Scharigrod die Bedeutung des Gleichnisses: Damit die Seele in Schwingung gerate, muß man sie freilassen; zuviel Zwang droht sie zu ersticken.

ELIE WIESEL

RABBI SCHMELKE

Er erzählte:

»Eingedenk des Talmudwortes, wonach es genügt, daß alle Menschen bereuen, damit der Messias komme, beschloß ich, in diesem Sinn auf sie einzuwirken. Ich war sicher, daß es mir gelingen würde. Aber wo beginnen? Die Welt ist so groß. Ich würde mit dem Land anfangen, das ich am besten kannte: mit meiner Heimat: Aber es ist riesengroß, mein Land. Gut, beginne ich also mit der Stadt, die mir am nächsten liegt: mit meiner Stadt. Aber sie ist groß, meine Stadt, ich kenne sie kaum. Schön, ich fange also in meiner Straße an. Nein: mit meinem Haus. Nein: mit meiner Familie. Also gut, ich werde mit mir selbst anfangen.«

ELIE WIESEL

SCHÖN REDEN

Ein gelehrter Mann, der einst Sabbatsgast an Rabbi Baruchs Tisch war, sagte zu ihm: »Laßt uns nun Worte der Lehre hören, Rabbi, Ihr redet so schön!« »Ehe daß ich schön rede«, antwortete der Enkel des Baalschem, »möge ich stumm werden!«

MARTIN BUBER

FRIEDENSGEBET

Herr,
mach mich zu einem Werkzeug deines Friedens;
daß ich liebe, wo man haßt;
daß ich verzeihe, wo man beleidigt;
daß ich verbinde, wo Streit ist;
daß ich Glauben bringe, wo Zweifel droht;
daß ich die Wahrheit sage, wo Irrtum ist;
daß ich Hoffnung wecke, wo Verzweiflung quält;
daß ich Freude bringe, wo Traurigkeit wohnt;
daß ich Licht entzünde, wo Finsternis regiert.

Meister,
laß mich trachten,
daß ich mehr tröste, als daß ich getröstet werde;
daß ich mehr verstehe, als daß ich verstanden werde;
daß ich mehr liebe, als daß ich geliebt werde.

Denn wer gibt, der empfängt;
wer verzeiht, dem wird verziehen;
und wer stirbt, der erwacht zum ewigen Leben.

AUS DER TRADITION DES FRANZ VON ASSISI 19. JH.

Wie ich auch sonst schon gesagt habe: Wäre der Mensch so in Verzückung, wie's Sankt Paulus war, und wüßte einen kranken Menschen, der eines Süppleins von ihm bedürfte, ich erachtete es für weit besser, du ließest aus Liebe von der Verzückung ab und dientest dem Bedürftigen in größerer Liebe.

MEISTER ECKEHART

Die Seele ist wie ein Wind, der über die Kräuter weht,
und wie der Tau, der auf die Gräser träufelt,
und wie die Regenluft, die wachsen macht.
Genauso ströme der Mensch ein Wohlwollen aus auf alle,
die da Sehnsucht tragen.
Ein Wind sei er, der den Elenden hilft,
ein Tau, indem er die Verlassenen tröstet,
und Regenluft, indem er die Ermatteten aufrichtet
und sie mit der Liebe erfüllt wie Hungernde,
indem er ihnen seine Seele hingibt.

HILDEGARD VON BINGEN

Ein jegliches hat seine Zeit,
und alles Vorhaben
unter dem Himmel
hat seine Stunde.
Ich sah die Arbeit,
die Gott den Menschen
gegeben hat,
dass sie sich damit plagen.
Er hat alles schön
gemacht zu seiner Zeit,
auch hat er die
Ewigkeit in ihr Herz
gelegt; nur dass der
Mensch nicht ergründen
kann das Werk, das
Gott tut, weder
Anfang noch Ende.

ICH UND DIE WELT

VORSATZ

Auf dem Weg nach vorn
mit der Flut der Wörter
die ungenauer werden
je häufiger man sie ausspricht

gehen wir zurück
Wort für Wort
einzuholen
was uns vorschwebt

HEINZ KATTNER

Wenn sich Meditation in Ihrer Stadtwohnung nicht natürlich einstellt, seien Sie erfinderisch und gehen Sie hinaus in
die Natur. Die Natur ist eine nie versiegende Quelle der In-
spiration. Gehen Sie – um Ihren Geist zu beruhigen – zur
Dämmerung im Park spazieren. Oder betrachten Sie den
Tau auf einer Rose im Garten. Legen Sie sich auf die Erde,
schauen Sie in den Himmel und lassen Sie Ihren Geist sich
in seine Weite hinein öffnen. Lassen Sie den äußeren Himmel einen Himmel in Ihnen erwecken. Rasten Sie an einem
Fluß und mischen Sie Ihren Geist mit seiner Strömung,
werden Sie eins mit seinem unaufhörlichen Klang. Setzen
Sie sich an einen Wasserfall und lassen Sie sein heilsames
Lachen Ihren Geist reinigen. Gehen Sie am Meeresstrand
spazieren und spüren Sie die salzige Brise voll und frisch im
Gesicht. Erfreuen Sie sich an der Schönheit des Mondlichts
und lassen Sie sich davon ins Gleichgewicht bringen.
Ruhen Sie an einem See oder in einem Garten, atmen Sie
ruhig und lassen Sie den Geist still werden mit dem langsa-
men, majestätischen Aufgehen des Mondes in einer wol-
kenlosen Nacht.

SOGYAL RINPOCHE

Ein Wanderer: »Wie wird das Wetter heute?«
Der Schäfer: »So, wie ich es gerne habe.«
»Woher wißt Ihr, daß das Wetter so sein wird, wie Ihr es liebt?«
»Ich habe die Erfahrung gemacht, mein Freund, daß ich nicht immer das bekommen kann, was ich gerne möchte. Also habe ich gelernt, immer das zu mögen, was ich bekomme. Deshalb bin ich ganz sicher: das Wetter wird heute so sein, wie ich es mag.«

ANTHONY DE MELLO

Worauf sollen wir hören, sag uns worauf?
So viele Geräusche, welches ist wichtig?
So viele Beweise, welcher ist richtig?
So viele Reden, ein Wort ist wahr.

Wohin sollen wir gehen, sag uns wohin?
So viele Termine, welcher ist wichtig?
So viele Parolen, welche ist richtig?
So viele Straßen, ein Weg ist wahr.

Wofür sollen wir leben, sag uns wofür?
So viele Gedanken, welcher ist wichtig?
So viele Programme, welches ist richtig?
So viele Fragen, die Liebe zählt.

LOTHAR ZENETTI

DER AUGENBLICK DES FENSTERS

Jemand schüttet Licht
Aus dem Fenster.
Die Rosen der Luft
Blühen auf,
Und in der Straße
Heben die Kinder beim Spiel
Die Augen.
Tauben naschen
Von seiner Süße.
Die Mädchen werden schön
Und die Männer sanft
Von diesem Licht.
Aber ehe es ihnen die anderen sagen,
Ist das Fenster von jemandem
Wieder geschlossen worden.

KARL KROLOW

IM ATEMHAUS

Unsichtbare Brücken spannen
von dir zu Menschen und Dingen
von der Luft zu deinem Atem

Mit Blumen sprechen
wie mit Menschen
die du liebst

Im Atemhaus wohnen
eine Menschblumenzeit

ROSE AUSLÄNDER

Wenn du zum Tor des Lebens gelangen willst,
mußt du aufbrechen, einen Weg suchen,
der auf keiner Karte verzeichnet
und in keinem Buch beschrieben ist.
Dein Fuß wird an Steine stoßen,
die Sonne wird brennen
und dich durstig machen,
deine Beine werden schwer werden.
Die Last der Jahre wird dich niederdrücken.
Aber irgendwann wirst du beginnen,
diesen Weg zu lieben,
weil du erkennst, daß es dein Weg ist.
Du wirst straucheln und fallen,
aber die Kraft haben, wieder aufzustehen.
Du wirst Umwege und Irrwege gehen,
aber dem Ziel näher kommen.
Alles kommt darauf an,
den ersten Schritt zu wagen.
Denn mit dem ersten Schritt
gehst du durch das Tor.

WOLFGANG POEPLAU

TOUR DE FRANCE

Als die Spitzengruppe
von einem Zitronenfalter
überholt wurde,
gaben viele Radfahrer das Rennen auf.

GÜNTER GRASS

Klagemauer Nacht,
Von dem Blitze eines Gebetes kannst du zertrümmert
werden
Und alle, die Gott verschlafen haben,
Wachen hinter deinen stürzenden Mauern
Zu ihm auf.

NELLY SACHS

Geist zu sein
oder Staub, es ist
dasselbe im All.

Nichts ist, um
an den Rand zu reichen
der Leere.

Überhaupt
gibt es ihn nicht.
Was ist, ist

und ist aufgehoben
im wandlosen Gefäß
des Raums.

ERNST MEISTER

Gut ist:
Leben erhalten und fördern;
schlecht ist:
Leben hemmen und zerstören.
Sittlich sind wir,
wenn wir aus unserem Eigensinn heraustreten,
die Fremdheit den anderen Wesen gegenüber
ablegen, und alles,
was sich von ihrem Erleben um uns abspielt,
miterleben und miterleiden.
In dieser Eigenschaft erst
sind wir wahrhaft Menschen;
in ihr besitzen wir eine eigene,
unverlierbare, fort und fort entwickelbare,
sich orientierende Sittlichkeit.

ALBERT SCHWEITZER

Die Traurigkeit der Traurigkeiten:
die Traurigkeit der Tiere.
Die des alten Hundes,
der seinen Tod kommen hört und flieht;
die des Pferdes, das weiß,
dass man es wegführt, um es niederzuschlagen,
den Kopf gesenkt,
stolpert es den ganzen Weg entlang...
Dem Menschen gelingt es mehr oder weniger gut,
seinen Tod aus der Sicht der Religion
umzuwandeln.
Aber im Tier ist die unheilbare Traurigkeit,
die große Klage in den gehorsamen Augen
der zum Tode verurteilten Kreatur.

MARIE NOËL

Qualvoll die Enge der Tierfabriken,
Marter der Massenmast, lebenslänglich,
Todespanik in Betäubungsboxen,
wo Stromzangen zupacken,
Bolzen dumpf die Gehirne
der Rinder zerschmettern.

Anschwellen,
gleichzeitig und weltweit,
von zwischenmenschlicher Brutalität:
Gewalt gegen Frauen, Kinder, Greise,
Elektro-Folter, Menschen-Killing.

Georg Trakl hingegen,
angesichts eines Kalbskopfs
(ausgesetzt, ausgestellt als Trophäe
an ländlicher »Kirch« (!) - Weih)
zitternd am ganzen Leibe,
fassungslos murmelnd:
»*Das* ist unser Herr Christus.«

KURT MARTI

FRÜHLING 1990

Die Grenze leuchtet
in besondrem Grün
die Schmerznaht der Systeme
der Kräftefelder Saum
Blutstatt und Todesraum

Schrapnell-
bestückter Femetraum
Tabu und Meuchelort
Thrombose-Arm der Nacht

Doch in dem Sumpf
von Bann und Tränen
ist Leben
vogel-
frei erblüht

Dies Stück Natur
im Stau der Macht
sei Storch und Kröte
dargebracht

LUDWIG VERBEEK

Philosophie, wie sie im Angesicht der Verzweiflung einzig noch zu verantworten ist, wäre der Versuch, alle Dinge so zu betrachten, wie sie vom Standpunkt der Erlösung aus sich darstellten. Erkenntnis hat kein Licht, als das, das von der Erlösung her auf die Welt scheint: alles andere erschöpft sich in der Nachkonstruktion und bleibt ein Stück Technik.

Perspektiven müssten hergestellt werden, in denen die Welt ähnlich sich versetzt, verfremdet, ihre Risse und Schründe offenbart, wie sie einmal als bedürftig und entstellt im Messianischen Lichte daliegen wird. Ohne Willkür und Gewalt, ganz aus der Fühlung mit den Gegenständen heraus solche Perspektiven zu gewinnen, darauf allein kommt es dem Denken an.

THEODOR W. ADORNO

Auf die Heimat, an die ich denke, können
    Keine Grundbriefe ausgestellt werden, keine
    Übereignungen, keine Erbscheine.
Rache wird nicht geschworen für diese unsere Heimat.
Denn die kann nicht erobert werden,
Niemals wird sie uns völlig verloren gehen.
Wer von seiner Heimat redet, erweckt viele
    Erinnerungen.
Alle, die ihm zuhören, sehen die eigenen Bilder,
Seine Sehnsucht ist der Stab, der den Quell aus
    den Felsherzen schlägt,
Sein Heimweh bahnt den Weg durch das Meer
    Des Vergessens.
Und es rauschen Dir wieder die Flötenrohre
    Der Brunnen,
Und das grünweiße Wasser rieselt Dir über die
    Pulse,
Und es schlägt Dir das Herz im Sensendengeln,
    im Heugras,
Und es steht überm Schneefeld in goldenen
    Waffen Orion,
Und es duftet nach Brot und nach Wein –
Aber wann denn, wann denn?
Morgen, – wenn Du zu lieben gelernt.

CHRISTIAN GRAF VON KROCKOW

DIE LANDSCHAFT

Als Rabbi Jaakob Jizchak beim Enkel des Baalschem, Rabbi Baruch, zu Gaste war, nahm ihn der stolze und geheimnisvolle Mann, der einmal von sich gesagt hatte, er wolle der Aufseher der Zaddikim sein, am Sabbatvortag in seinem Wagen mit, um zum Tauchbad zu fahren. Unterwegs versenkte sich Rabbi Baruch in die wirkende Kraft seiner Betrachtung, und die Landschaft wandelte sich aus seinem Sinn. Als sie vom Wagen stiegen, fragte er: »Was sieht der Seher?« Rabbi Jaakob Jizchak antwortete: »Die Felder des Heiligen Landes.« Als sie den Hügel überquerten, der die Straße vom Bache trennte, fragte Baruch: »Was riecht der Seher?« Er antwortete: »Die Luft des Tempelbergs.« Als sie in den Bach tauchten, fragte der Enkel des Baalschem: »Was spürt der Seher?« Und Rabbi Jaakob Jizchak antwortete: »Den Balsamstrom des Paradieses.«

MARTIN BUBER

Auch in
Anemonen und Nelken ist das Reich
und die Herrlichkeit,
Herr,
für den,
der es sieht,
der durch alles hindurchsieht –

Auch in uns ist ein Lobgesang,
Preislied und Dankgebet,
Schweigen und
Staunen vor dir,
für den, der es sieht,
der durch alles hindurchsieht –

Auch in uns ist Gleichnis
und Wahrheit
und Leben und Fest –
Schimmer und Skizze
des schönen Schöpfers und
Herrn,
hier unter uns.
Sein Wohlgeruch erfüllt alle
Welt,
und hinter allem
leuchtet auf sein Gesicht,
für den, der es sieht,
der durch alles hindurchsieht
mit durch-sichtigen Augen.

SILJA WALTER

DAS PFERD

Während der Sommerferien auf dem Gut meiner Großeltern weilend, pflegte ich mich, sooft ich es unbeobachtet tun konnte, in den Stall zu schleichen und meinem Liebling, einem breiten Apfelschimmel, den Nacken zu kraulen. Das war für mich nicht ein beiläufiges Vergnügen, sondern eine große, zwar freundliche, aber doch auch tief erregende Begebenheit. Wenn ich sie jetzt, von der sehr frisch gebliebenen Erinnerung meiner Hand aus, deuten soll, muß ich sagen: was ich an dem Tier erfuhr, war das Andere, die ungeheure Anderheit des Anderen, die aber nicht fremd blieb, wie die von Ochs und Widder, die mich vielmehr ihr nahen, sie berühren ließ. Wenn ich über die mächtige, zuweilen verwunderlich glattgekämmte, zu andern Malen ebenso erstaunlich wilde Mähne strich und das Lebendige unter meiner Hand leben spürte, war es, als grenzte mir an die Haut das Element der Vitalität selber, etwas, das nicht ich, gar nicht ich war, gar nicht ich-vertraut, eben handgreiflich das Andere, nicht ein anderes bloß, wirklich das Andere selber, und mich doch heranließ, sich mir anvertraute, sich elementar mit mir auf Du und Du stellte. Der Schimmel hob, auch wenn ich nicht damit begonnen hatte, ihm Hafer in die Krippe zu schütten, sehr gelind den massigen Kopf, an dem sich die Ohren noch besonders regten, dann schnob er leise, wie ein Verschworner seinem Mitverschwornen ein nur diesem vernehmbar werden sollendes Signal gibt, und ich war bestätigt. Einmal aber – ich weiß nicht, was den Knaben anwandelte, jedenfalls war es kindlich genug – fiel mir über dem Streicheln ein, was für einen Spaß es mir doch mache, und ich fühlte plötzlich meine Hand. Das Spiel ging weiter wie sonst, aber etwas hatte sich geändert, es war nicht mehr Das. Und als ich tags darauf, nach einer reichen Futtergabe, meinem

Freund den Nacken kraulte, hob er den Kopf nicht. Schon wenige Jahre später, wenn ich an den Vorfall zurückdachte, meinte ich nicht mehr, das Tier habe meinen Abfall gemerkt; damals aber erschien ich mir verurteilt.

MARTIN BUBER

Die große Schuld des Menschen sind nicht die Sünden, die er begeht – die Versuchung ist mächtig und seine Kraft gering –, die große Schuld des Menschen ist, daß er in jedem Augenblick die Umkehr tun kann und nicht tut.

MARTIN BUBER

Der wind stöhnt um das dach der alten scheune
wir singen und schweigen
das beten zu lernen
der wind stört mich beim schweigen
kannst du nicht still sein
fahr ich ihn an
sieh doch die frommen frauen
und weißt du nichts von christus
der uns gelehrt hat
für die verhungernden einzutreten

Der wind heult um das dach der alten scheune
die eine kirche ist
das beten zu lernen
es ist nicht der wind der stört beim schweigen
hör mir doch zu
lacht er und schlägt sich gegen das dach
laß es doch sausen dein ich
und weißt du nichts vom tao
das uns gelehrt hat
nicht gegen den wind zu leben

Der wind singt um das dach der alten scheune
die eine art heimat wird
das beten zu lernen
endlich bin ich so still geworden
daß ich den wind beten höre
um die alte erde
ihre dächer und ihre antennen
daß nicht nur unsere der menschen musik da sei
singt er die ganze nacht
sein wüstes hallelujah
für die die wir vergessen

Mach uns demütiger bruder wind
mach uns zornig
wenn du uns beten hilfst
so hilf auch kämpfen
sing vom tao
und sing von christus

DOROTHEE SÖLLE

AN DIE ZITTERPAPPEL

Gut,
daß du da bist.

Dein Grün zittert
mittags im Licht.

Zittert nachts
ohne Mond, ohne Wind.

Du birgst das Nest der Krähe,
des Kummervogels.

Du hütest das Wasser, das
rasch davonfließt.

Immer höher wächst du,
immer vollere Krone.

Wächst über das Dach des Vaters,
der lange tot ist,

der sagte, sooft ihm bang war:
»Gut, daß du da bist, Baum. Du

zitterst und wächst,
zitterst und wächst zugleich.«

RUDOLF OTTO WIEMER

DICH LOBEN IM ABFALL

Gott, der du sprichst in vielerlei Sprachen,
lehre mich dein Esperanto.
Der du einlädst,
deine Vorstellungen zu besuchen,
verschaffe mir eine Platzkarte.
Der du die Zeitungen vollschreibst täglich,
verrate mir dein Alphabet.
Der du immer neue Anschläge ersinnst,
mache mich zu deiner Plakatwand.
Der du schreien läßt deine Leuchtreklamen,
laß mich aufmerken im Dunkel.
Der du fliehst aus den Kirchen,
stärke meine Hartnäckigkeit, dich einzuholen.
Der du dich hinter Masken versteckst,
laß mich deinen Karneval verachten.
Der du ankommst auf den Bahnsteigen,
zeige mir deinen Fahrplan.
Der du dich zählen läßt im Portemonnaie,
korrigiere meine Berechnungen.
Der du wohnst in Motoren und Auspuffgasen,
steh an der Kreuzung, sei Ampel und Stoppschild.
Der du dich aufhältst an den Grenzen,
bringe meinen Paß in Ordnung.
Der du den Dschungel bevorzugst,
instruiere mich, deinen Guerillero.
Der du lachst hinter den Fernsehschirmen,
mache lächerlich meine Melancholie.
Bewege mein Zwerchfell, dich einzuatmen.
Der du die Müllkübel durchwühlst, Gott,
verschließe meinen Mund nicht, dich zu
loben im Abfall.

RUDOLF OTTO WIEMER

»Guten Tag«, sagte der kleine Prinz.

»Guten Tag«, sagte der Händler.

Er handelte mit höchst wirksamen, durststillenden Pillen. Man schluckt jede Woche eine und spürt überhaupt kein Bedürfnis mehr, zu trinken.

»Warum verkaufst du das?«, sagte der kleine Prinz.

»Das ist eine große Zeitersparnis«, sagte der Händler. »Die Sachverständigen haben Berechnungen angestellt. Man erspart dreiundfünfzig Minuten in der Woche.«

»Und was macht man mit diesen dreiundfünfzig Minuten?«

»Man macht damit, was man will …«

»Wenn ich dreiundfünfzig Minuten übrig hätte«, sagte der kleine Prinz, »würde ich ganz gemächlich zu einem Brunnen laufen …«

»Die Wüste ist schön«, fügte er hinzu…

Und das war wahr. Ich habe die Wüste immer geliebt. Man setzt sich auf eine Sanddüne. Man sieht nichts. Man hört nichts. Und währenddessen strahlt etwas in der Stille.

»Es macht die Wüste schön«, sagte der kleine Prinz, »daß sie irgendwo einen Brunnen birgt.«

Ich war überrascht, dieses geheimnisvolle Leuchten des Sandes plötzlich zu verstehen. Als ich ein kleiner Knabe war, wohnte ich in einem alten Haus, und die Sage erzählte, daß darin ein Schatz versteckt sei. Gewiß, es hat ihn nie jemand zu entdecken vermocht, vielleicht hat ihn auch nie jemand gesucht. Aber er verzauberte dieses ganze Haus. – Mein Haus barg ein Geheimnis auf dem Grunde seines Herzens …

ANTOINE DE SAINT-EXUPÉRY

Ich bitte nicht um Wunder und Visionen, Herr, sondern um die Kraft für den Alltag. Lehre mich die Kunst der kleinen Schritte.

Mach mich findig und erfinderisch, um im täglichen Vielerlei und Allerlei rechtzeitig meine Erkenntnisse und Erfahrungen zu notieren, von denen ich betroffen bin.

Mach mich griffsicher in der richtigen Zeiteinteilung. Schenke mir das Fingerspitzengefühl, um herauszufinden, was erstrangig und was zweitrangig ist.

Laß mich erkennen, daß Träume nicht weiterhelfen, weder über die Vergangenheit noch über die Zukunft. Hilf mir, das Nächste so gut wie möglich zu tun und die jetzige Stunde als die wichtigste zu erkennen.

Bewahre mich vor dem naiven Glauben, es müßte im Leben alles glattgehen. Schenke mir die nüchterne Erkenntnis, daß Schwierigkeiten, Niederlagen, Mißerfolge, Rückschläge eine selbstverständliche Zugabe zum Leben sind, durch die wir wachsen und reifen.

Erinnere mich daran, daß das Herz oft gegen den Verstand streikt. Schick mir im rechten Augenblick jemand, der den Mut hat, mir die Wahrheit in Liebe zu sagen.

Du weißt, wie sehr wir der Freundschaft bedürfen. Gib, daß ich diesem schönsten, schwierigsten, riskantesten und zartesten Geschenk des Lebens gewachsen bin.

Verleihe mir die nötige Phantasie, im rechten Augenblick ein Päckchen Güte, mit oder ohne Worte, an der richtigen Stelle abzugeben.

Mach aus mir einen Menschen, der einem Schiff mit Tief-
gang gleicht, um auch die zu erreichen, die ›unten‹ sind.

Bewahre mich vor der Angst, ich könnte das Leben versäu-
men. Gib mir nicht, was ich mir wünsche, sondern was ich
brauche.
Lehre mich die Kunst der kleinen Schritte!

ANTOINE DE SAINT-EXUPÉRY

Ich betrachte einen Baum.
Ich kann ihn als Bild aufnehmen:
starrender Pfeiler im Anprall des Lichts,
oder das spritzende Gegrün
von der Sanftmut des blauen Grundsilbers
durchflossen.
Ich kann ihn als Bewegung verspüren:
das flutende Geäder
am haftenden und strebenden Kern,
Saugen der Wurzeln, Atmen der Blätter,
unendlicher Verkehr mit Erde und Luft –
und das dunkle Wachsen selber.
Ich kann ihn einer Gattung einreihen
und als Exemplar beobachten,
auf Bau und Lebensweise.
Ich kann seine Diesmaligkeit
und Geformtheit so hart überwinden,
daß ich ihn nur noch als Ausdruck
des Gesetzes erkenne –
der Gesetze,
nach denen ein stetes Gegeneinander
von Kräften sich stetig schlichtet,
oder der Gesetze,
nach denen die Stoffe sich mischen
und entmischen.
Ich kann ihn zur Zahl, zum reinen Zahlenverhältnis
verflüchtigen und verewigen.
In all dem bleibt der Baum mein Gegenstand
und hat seinen Platz und seine Frist,
seine Art und Beschaffenheit.
Es kann aber auch geschehen,
aus Willen und Gnade in einem,
daß ich, den Baum betrachtend,
in die Beziehung zu ihm eingefaßt werde,
und nun ist er kein Es mehr.
Die Macht der Ausschließlichkeit

hat mich ergriffen.
Dazu tut nicht not,
daß ich auf irgendeine der Weisen
meiner Betrachtung verzichte.
Es gibt nichts,
wovon ich absehen müßte, um zu sehen,
und kein Wissen, das ich zu vergessen hätte.
Vielmehr ist alles, Bild und Bewegung,
Gattung und Exemplar, Gesetz und Zahl,
mit darin, ununterscheidbar vereinigt.
Alles, was dem Baum zugehört, ist mit darin,
seine Form und seine Mechanik,
seine Farben und seine Chemie,
seine Unterredung mit den Elementen
und seine Unterredung mit den Gestirnen,
und alles in einer Ganzheit.
Kein Eindruck ist der Baum,
kein Spiel meiner Vorstellung,
kein Stimmungswert,
sondern er leibt mir gegenüber
und hat mit mir zu schaffen,
wie ich mit ihm – nur anders.
Man suche den Sinn der Beziehung
nicht zu entkräften:
Beziehung ist Gegenseitigkeit.
So hätte er denn ein Bewußtsein, der Baum,
dem unsern ähnlich?
Ich erfahre es nicht.
Aber wollt ihr wieder,
weil es euch an euch geglückt scheint,
das Unzerlegbare zerlegen?
Mir begegnet keine Seele des Baums
und keine Dryade,
sondern er selber.

MARTIN BUBER

Meister Ki vom Südweiler wanderte zwischen den Hügeln von Schang. Da sah er einen Baum, der war größer als alle andern. Tausend Viergespanne hätten in seinem Schatten Platz finden können.

Der Meister Ki sprach: »Was für ein Baum ist das! Der hat gewiß ganz besonderes Holz.«

Er blickte nach oben, da bemerkte er, daß seine Zweige krumm und knorrig waren, so daß sich keine Balken daraus machen ließen. Er blickte nach unten und bemerkte, daß seine großen Wurzeln nach allen Seiten auseinandergingen, so daß sich keine Särge daraus machen ließen. Leckte man an einem seiner Blätter, so bekam man einen scharfen, beißenden Geschmack in den Mund; roch man daran, so wurde man von dem starken Geruch drei Tage lang wie betäubt.

Meister Ki sprach: »Das ist wirklich ein Baum, aus dem sich nichts machen läßt. Dadurch hat er seine Größe erreicht. Oh, das ist der Grund, warum der Mensch des Geistes unbrauchbar für das Leben ist.«

DSCHUANG DSI

Was sind das für Zeiten, wo
Ein Gespräch über Bäume fast
ein Verbrechen ist
Weil es ein Schweigen über
so viele Untaten einschließt!

BERTOLT BRECHT

Ein Blatt, baumlos,
für Bertolt Brecht:

Was sind das für Zeiten,
wo ein Gespräch
beinah ein Verbrechen ist,
weil es soviel Gesagtes
mit einschließt?

PAUL CELAN

BÄUME

Wieder hat man in der Stadt,
um Parkplätze zu schaffen,
Platanen gefällt.
Sie wußten viel.
Wenn wir in ihrer Nähe waren,
begrüßten wir sie als Freunde.
Inzwischen ist es fast
zu einem Verbrechen geworden,
nicht über Bäume zu sprechen,
ihre Wurzeln,
den Wind, die Vögel,
die sich in ihnen niederlassen,
den Frieden,
an den sie uns erinnern.

WALTER HELMUT FRITZ

SENSIBLE WEGE

Sensibel ist
die Erde über den Quellen;
kein Baum darf
gefällt, keine Wurzel
gerodet werden

Die Quellen könnten
versiegen
Wie viele Bäume werden
gefällt, wie viele Wurzeln
gerodet
in uns

REINER KUNZE

Er lehnt an einem baum
das holz ist verkauft
das land ist verpachtet
das wasser verseucht
der regen bringt die vögel um
jemand zielt auf ihn
er hebt die arme am schwarzen holz
es ist nicht vollbracht

DOROTHEE SÖLLE

ZIEHENDE LANDSCHAFT

Man muß weggehen können
und doch sein wie ein Baum
als bliebe die Wurzel im Boden
als zöge die Landschaft
und wir stünden fest
Man muß den Atem anhalten
bis der Wind nachläßt
und die freundliche Luft
um uns zu kreisen beginnt
bis das Licht von Spiel und Schatten
von Grün und Blau
die alten Muster zeigt
und wir zu Hause sind
wo es auch sei
und niedersitzen können
und uns anlehnen
als sei es an das Grab
unserer Mutter

HILDE DOMIN

WASSERFALL

Wasser fließt über den Steinrand
glattgesichtig und spiegelt
nicht Jammer nicht Lachen
stürzt nur und lärmt in die Tiefe.

Vorbeifließend erscheint alles Stehende
als immer erneut Verlassenes.

HEINZ KATTNER

Herr, lehre mich schweigen.
In mir ist so viel Lärm.
Meine Gedanken sind so verwirrt
von der Unruhe des Tages.
Bilder bedrängen mich,
Nachrichten, Meinungen,
Auseinandersetzungen,
Erlebnisse und Wünsche.
Sie fordern mich,
sie ergreifen mich,
sie zerstreuen meine Kräfte.
Herr, lehre mich Abstand gewinnen
von mir selbst
und von Dingen,
die nur wichtig scheinen.
Herr, gib mir Kraft zur Konzentration.
Ich schließe meine Augen.
Ich atme die Stille in mich hinein.
Ich gehe weit von mir weg.
In Deinem Schweigen
finde ich mich wieder.
Dort bin ich Dein.

IRMGARD PACHER

Alles hat seine Zeit und die Hauptsache ist, daß man mit Gott Schritt hält und ihm nicht immer schon einige Schritte vorauseilt, allerdings auch keinen Schritt hinter ihm zurückbleibt.

DIETRICH BONHOEFFER

Schöner als der beachtliche Mond und sein geadeltes Licht,
Schöner als die Sterne, die berühmten Orden der Nacht,
Viel schöner als der feurige Auftritt eines Kometen
Und zu weit Schönrem berufen als jedes andre Gestirn,
Weil dein und mein Leben jeden Tag an ihr hängt, ist die
Sonne.
Schöne Sonne, die aufgeht, ihr Werk nicht vergessen hat
Und beendet, am schönsten im Sommer, wenn ein Tag
An den Küsten verdampft und ohne Kraft gespiegelt die
Segel
Über dein Aug ziehn, bis du müde wirst und das letzte ver-
kürzt.

Ohne die Sonne nimmt auch die Kunst wieder den Schleier,
Du erscheinst mir nicht mehr, und die See und der Sand,
Von Schatten gepeitscht, fliehen unter mein Lid.

Schönes Licht, das uns warm hält, bewahrt und wunderbar
sorgt,
Daß ich wieder sehe und daß ich dich wiederseh!

Nichts Schönres unter der Sonne als unter der Sonne zu
sein…

Nichts Schönres als den Stab im Wasser zu sehn und den
Vogel oben,
Der seinen Flug überlegt, und unten die Fische im
Schwarm,
Gefärbt, geformt, in die Welt gekommen mit einer Sen-
dung von Licht,
Und den Umkreis zu sehn, das Geviert eines Felds, das Tau-
sendeck meines Lands

Und das Kleid, das du angetan hast. Und dein Kleid,
glockig und blau!
Schönes Blau, in dem die Pfauen spazieren und sich vernei-
gen,
Blau der Fernen, der Zonen des Glücks mit den Wettern
für mein Gefühl,
Blauer Zufall am Horizont! Und meine begeisterten
Augen
Weiten sich wieder und blinken und brennen sich wund.

Schöne Sonne, der vom Staub noch die größte Bewun-
drung gebührt,
Drum werde ich nicht wegen dem Mond und den Sternen
und nicht,
Weil die Nacht mit Kometen prahlt und in mir einen Nar-
ren sucht,
Sondern deinetwegen und bald endlos und wie um nichts
sonst
Klage führen über den unabwendbaren Verlust meiner
Augen.

INGEBORG BACHMANN

Wacht auf, denn eure Träume sind schlecht!
Bleibt wach, weil das Entsetzliche näher kommt.

Auch zu dir kommt es, der weit entfernt wohnt
von den Stätten, wo Blut vergossen wird,
auch zu dir und deinem Nachmittagsschlaf,
worin du ungern gestört wirst.
Wenn es heute nicht kommt, kommt es morgen,
aber sei gewiß.

»Oh, angenehmer Schlaf
auf den Kissen mit roten Blumen,
einem Weihnachtsgeschenk von Anita, woran sie
drei Wochen gestickt hat,
oh, angenehmer Schlaf,
wenn der Braten fett war und das Gemüse zart.
Man denkt im Einschlummern an die Wochenschau von
gestern abend:
Osterlämmer, erwachende Natur, Eröffnung der Spielbank
Baden-Baden,
Cambridge siegte gegen Oxford mit zweieinhalb Längen, –
das genügt, das Gehirn zu beschäftigen.

Oh, dieses weiche Kissen, Daunen aus erster Wahl!
Auf ihm vergißt man das Ärgerliche der Welt, jene Nachricht zum Beispiel:
Die wegen Abtreibung Angeklagte sagte zu ihrer Verteidigung:
Die Frau, Mutter von sieben Kindern, kam zu mir
mit einem Säugling,
für den sie keine Windeln hatte und der
in Zeitungspapier gewickelt war.
Nun, das sind Angelegenheiten des Gerichts,
nicht unsre.

Man kann dagegen nichts tun, wenn einer etwas
härter liegt als der andere.
Und was kommen mag, unsere Enkel mögen es ausfech-
ten.«
»Ah, du schläfst schon? Wache gut auf, mein Freund!
Schon läuft der Strom in den Umzäunungen, und
die Posten sind aufgestellt.«
Nein, schlaft nicht, während die Ordner der Welt
geschäftig sind.
Seid mißtrauisch gegen ihre Macht, die sie vorgeben für
euch erwerben zu müssen!
Wacht darüber, daß eure Herzen nicht leer sind, wenn mit
der Leere eurer Herzen gerechnet wird!
Tut das Unnütze, singt die Lieder, die man aus
eurem Mund nicht erwartet!
Seid unbequem, seid Sand, nicht das Öl im Getriebe der
Welt!

GÜNTER EICH

Charles de Foucauld sagte einmal: »Wenn das kontemplative Leben nur hinter Klostermauern oder im Schweigen der Wüste möglich wäre, dann müßten wir, um gerecht zu sein, jeder Familienmutter ein kleines Kloster geben und den Luxus einer kleinen Wüste dem Hilfsarbeiter, der im Lärm einer Stadt leben muß, um hart sein Brot zu verdienen.« Ist es nicht so?

Wenn du nicht in die Wüste gehen kannst, mußt du dennoch in deinem Leben »Wüste machen«. Bring ein wenig Wüste in dein Leben, verlaß von Zeit zu Zeit die Menschen, such die Einsamkeit, um im Schweigen und anhaltenden Gebet deine Seele zu erneuern! Das ist unentbehrlich. Das bedeutet »Wüste« in deinem geistlichen Leben.
Eine Stunde am Tag, einen Tag im Monat, acht Tage im Jahr, länger, wenn es nötig ist, mußt du alles und alle verlassen, um dich allein mit Gott zurückzuziehen. Wenn du das nicht suchst, wenn du das nicht liebst, mach dir keine Illusionen. Anders wirst du nie zum kontemplativen Gebet kommen. Denn nicht allein sein wollen – obwohl man es könnte –, um die innige Nähe Gottes zu kosten, ist ein Zeichen, daß es an dem Grundelement der Beziehung zum allmächtigen Gott fehlt: an der Liebe. Ohne Liebe aber ist keine Offenbarung möglich.

Aber die Wüste ist nicht der endgültige Ort. Sie ist eine Zwischenstation. Denn unsere Berufung ist, wie ich dir sagte, die Kontemplation auf den Straßen. Nach der Pause der Wüste müssen wir von neuem den Weg weitergehen.

CARLO CARRETTO

Wir andern, wir Leute von der Straße, sind ganz davon überzeugt, daß wir Gott so sehr lieben können, als er Lust hat, von uns geliebt zu werden.

Wir halten die Liebe für eine nicht glanzvolle, aber aufzehrende Angelegenheit; wir denken, daß, wenn wir für Gott ganz kleine Dinge tun, wir ihn ebenso lieben wie mit großen Taten …

Weil wir in der Liebe hinreichend Beschäftigung finden, haben wir uns die Mühe erspart, unsere Taten nach Gebet und Aktion zu klassifizieren.

Wir finden, daß Gebet eine Aktion ist und Aktion ein Gebet …

Egal was wir zu tun haben: ob wir einen Besen oder eine Füllfeder halten.

Reden oder Schweigen, Strümpfe stopfen oder einen Vortrag halten, einen Kranken pflegen oder auf einer Schreibmaschine hämmern.

All das ist nur die Rinde einer herrlichen Realität, der Begegnung der Seele mit Gott in jeder erneuerten Minute, die an Gnade zunimmt, die immer schöner wird für ihren Gott.

Es läutet? Schnell, aufgetan! Gott ist es, der uns lieben kommt. Eine Auskunft? … Bitte … Es ist Gott, der uns lieben kommt. Zeit, sich an den Tisch zu setzen? Gehen wir: es ist Gott, der uns lieben kommt.

MADELEINE DELBRÊL

Die Einsamkeit, o mein Gott,
besteht nicht darin, daß wir allein sind,
sondern darin, daß du da bist,
denn vor dir sinkt alles in Tod
oder alles wirst du.

Was nützte es uns, ans Ende der Welt zu gehen,
um eine Wüste zu finden?
Wozu hinter Mauern gehen,
die uns trennten von der Welt?
Denn du wirst dort nicht gegenwärtiger sein
als im Lärm der Maschinen,
in dieser hundertgesichtigen Masse.

Sind wir so kindlich zu meinen, all diese Menschen seien
mächtig genug,
wichtig genug,
lebendig genug,
um uns die Sicht zu versperren,
wenn wir Ausschau halten nach dir?

Allein sein
heißt nicht, die Menschen hinter sich gelassen
oder sie verlassen zu haben;
allein sein heißt wissen, daß du groß bist, mein Gott,
daß du allein groß bist,
und daß kein erwähnenswerter Unterschied besteht
zwischen der unendlichen Zahl von Sandkörnern und
der unendlichen Zahl versammelter menschlicher Leben...
Wissen, ein einziges Mal im Leben, daß einzig du bist!
Einmal nur begegnet sein und dies vielleicht in einer wirk-
lichen Wüste –
dem Dornbusch, der lodert, ohne sich zu verzehren,
dem, der in uns und für immer begründet hat
die Einsamkeit.

MADELEINE DELBRÊL

Mein schönstes Gedicht?
Ich schrieb es nicht.
Aus tiefsten Tiefen stieg es.
Ich schwieg es.

MASCHA KALÉKO

Zur Paradoxie des Menschseins
gehört das Überflüssige
als das Lebensnotwendige.

JOSÉ ORTEGA Y GASSET

Solang du Selbstgeworfnes fängst, ist alles
Geschicklichkeit und läßlicher Gewinn –;
erst wenn du plötzlich Fänger wirst des Balles,
den eine ewige Mit-Spielerin
dir zuwarf, deiner Mitte, in genau
gekonntem Schwung, in einem jener Bögen
aus Gottes großem Brücken-Bau:
erst dann ist Fangen-Können ein Vermögen, –
nicht deines, einer Welt. Und wenn du gar
zurückzuwerfen Kraft und Mut besäßest,
nein, wunderbarer: Mut und Kraft vergäßest
und schon geworfen *hättest* … (wie das Jahr
die Vögel wirft, die Wandervogelschwärme,
die eine ältre einer jungen Wärme
hinüberschleudert über Meere –) erst
in diesem Wagnis spielst du gültig mit.
Erleichterst dir den Wurf nicht mehr; erschwerst
dir ihn nicht mehr. Aus deinen Händen tritt
das Meteor und rast in seine Räume …

RAINER MARIA RILKE

Ausgesetzt auf den Bergen des Herzens. Siehe, wie klein dort,
siehe: die letzte Ortschaft der Worte, und höher,
aber wie klein auch, noch ein letztes
Gehöft von Gefühl. Erkennst du's?
Ausgesetzt auf den Bergen des Herzens. Steingrund
unter den Händen. Hier blüht wohl
einiges auf; aus stummem Absturz
blüht ein unwissendes Kraut singend hervor.
Aber der Wissende? Ach, der zu wissen begann
und schweigt nun, ausgesetzt auf den Bergen des Herzens.
Da geht wohl, heilen Bewußtseins,
manches umher, manches gesicherte Bergtier,
wechselt und weilt. Und der große geborgene Vogel
kreist um der Gipfel reine Verweigerung. – Aber
ungeborgen, hier auf den Bergen des Herzens …

RAINER MARIA RILKE

DER RÖMISCHE BRUNNEN

Aufsteigt der Strahl und fallend gießt
Er voll der Marmorschale Rund,
Die, sich verschleiernd, überfließt
In einer zweiten Schale Grund;
Die zweite gibt, sie wird zu reich,
Der dritten wallend ihre Flut,
Und jede nimmt und gibt zugleich

Und strömt und ruht.

CONRAD FERDINAND MEYER

WELT UND ICH

Im großen ungeheuren Ozeane
willst du, der Tropfe, dich in dich verschließen?
so wirst du nie zur Perl' zusammenschießen,
wie dich auch schütteln Fluten und Orkane!

Nein: öffne deine innersten Organe
und mische dich im Leiden und Genießen
mit allen Strömen, die vorüberfließen;
dann dienst du dir
und dienst dem höchsten Plane.

Und fürchte nicht, so in die Welt versunken,
dich selbst und dein Ur-Eig'nes zu verlieren:
der Weg zu dir führt eben durch das Ganze!

Erst wenn du kühn von jedem Wein getrunken,
wirst du die Kraft im tiefsten Innern spüren,
die jedem Sturm zu steh'n vermag im Tanze!

FRIEDRICH HEBBEL

Den Jünglingen, die zum erstenmal zu ihm kamen, pflegte
Rabbi Bunam die Geschichte von Eisik Sohn Jekels in Krakau zu erzählen. Dem war nach Jahren schwerer Not, die
sein Gottvertrauen nicht erschüttert hatten, im Traum befohlen worden, in Prag unter der Brücke, die zum Königs-
schloß führt, nach einem Schatz zu suchen. Als der Traum
zum drittenmal wiederkehrte, machte sich Eisik auf und
wanderte nach Prag. Aber an der Brücke standen Tag und
Nacht Wachtposten, und er getraute sich nicht zu graben.
Doch kam er an jedem Morgen zur Brücke und umkreiste
sie bis zum Abend. Endlich fragte ihn der Hauptmann der
Wache, auf sein Treiben aufmerksam geworden, freundlich,
ob er hier etwas suche oder auf jemand warte. Eisik erzählte,
welcher Traum ihn aus fernem Land hergeführt habe. Der
Hauptmann lachte: »Und da bist du armer Kerl mit deinen
zerfetzten Sohlen einem Traum zu Gefallen hergepilgert!
Ja, wer den Träumen traut! Da hätte ich mich ja auch auf die
Beine machen müssen, als es mir einmal im Traum befahl,
nach Krakau zu wandern und in der Stube eines Juden, Eisik
Sohn Jekels sollte er heißen, unterm Ofen nach einem Schatz
zu graben. Eisik Sohn Jekels! Ich kann's mir vorstellen, wie
ich drüben, wo die eine Hälfte der Juden Eisik und die andre
Jekel heißt, alle Häuser aufreiße!«
Und er lachte wieder. Eisik verneigte sich, wanderte heim,
grub den Schatz aus und baute das Bethaus, das Reb Eisik
Reb Jekels Schul heißt.
»Merke dir diese Geschichte«, pflegte Rabbi Bunam hinzu-
zufügen, »und nimm auf, was sie dir sagt: daß es etwas gibt,
was du nirgends in der Welt finden kannst, und daß es
doch einen Ort gibt, wo du es finden kannst.«

MARTIN BUBER

Wir träumen von Reisen durch das Weltall:
ist denn das Weltall nicht in uns?
Die Tiefen unseres Geistes kennen wir nicht.

Nach innen geht der geheimnisvolle Weg.
In uns, oder nirgends ist die Ewigkeit
mit ihren Welten, die Vergangenheit
und Zukunft.

SEHNSUCHT

Wenige wissen
das Geheimnis der Liebe
fühlen Unersättlichkeit
und ewigen Durst ...

Hätten die Nüchternen
einmal gekostet,
alles verließen sie
und setzten sich zu uns
an den Tisch der Sehnsucht,
der nie leer wird.

NOVALIS

Wenn nicht mehr Zahlen und Figuren
Sind Schlüssel aller Kreaturen,
Wenn die, so singen oder küssen,
Mehr als die Tiefgelehrten wissen,
Wenn sich die Welt ins freie Leben
Und in die Welt wird zurückbegeben,
Wenn dann sich wieder Licht und Schatten
Zu echter Klarheit werden gatten,
Und man in Märchen und Gedichten
Erkennt die wahren Weltgeschichten,
Dann fliegt vor Einem geheimen Wort
Das ganze verkehrte Wesen fort.

NOVALIS

Schläft ein Lied in allen Dingen,
Die da träumen fort und fort,
Und die Welt hebt an zu singen,
Triffst du nur das Zauberwort.

JOSEPH V. EICHENDORFF

Ich hab es Einmal gesehen, das
Einzige, das meine Seele suchte;
und die Vollendung, die wir über
die Sterne hinauf entfernen,
die uns hinausschieben bis ans
Ende der Zeit, die habe ich
gegenwärtig gefühlt. Es war da,
das Höchste, in diesem Kreis der
Menschennatur und der Dinge war
es da.

FRIEDRICH HÖLDERLIN

Ein Blinder, der nicht ganz blind ist, läßt sich vom Blindenführer nicht gern leiten. Wenn er nur ein bißchen sieht, meint er, der Pfad vor ihm sei der beste. Er sieht ja die anderen, besseren nicht.

JOHANNES VOM KREUZ

Mensch, werde wesentlich: denn wann die Welt vergeht,
so fällt der Zufall weg, das Wesen, das besteht.

Du reisest vielerlei zu sehn und auszuspähn.
Hast du nicht Gott erblickt, so hast du nichts gesehn.

Die Ros' ist ohn' Warum, sie blühet, weil sie blühet.
Sie acht' nicht ihrer selbst, fragt nicht, ob man sie siehet.

Die Schöpfung ist ein Buch: wer's weislich lesen kann,
dem wird darin gar fein der Schöpfer kundgetan.

ANGELUS SILESIUS

KEINE ZEIT, EINE HEILIGE ZU SEIN?

Herr der Töpfe und Pfannen, ich habe keine Zeit, eine Heilige zu sein und Dir zum Wohlgefallen in der Nacht zu wachen, auch kann ich nicht meditieren in der Morgendämmerung und im stürmischen Horizont.

Mache mich zu einer Heiligen, indem ich Mahlzeiten zubereite und Teller wasche.

Nimm an meine rauhen Hände, weil sie für Dich rauh geworden sind.

Kannst du meinen Spüllappen als einen Geigenbogen gelten lassen, der himmlische Harmonien hervorbringt auf einer Pfanne?

Sie ist so schwer zu reinigen und ach, so abscheulich.

Hörst du, lieber Herr, die Musik, die ich meine?

Die Stunde des Gebetes ist vorbei, bis ich mein Geschirr vom Abendessen gespült habe, und dann bin ich sehr müde.

Wenn mein Herz noch am Morgen bei der Arbeit gesungen hat, ist es am Abend schon längst vor mir zu Bett gegangen.

Schenke mir, Herr, Dein unermüdliches Herz, daß es in mir arbeite statt des meinen.

Mein Morgengebet habe ich in die Nacht gesprochen zur Ehre Deines Namens.

Ich habe es voraus gebetet für die Arbeit des morgigen Tages, die genau dieselbe sein wird wie heute.

Herr der Töpfe und Pfannen, bitte darf ich Dir anstatt gewonnener Seelen die Ermüdung anbieten, die mich ankommt beim Anblick von Kaffeesatz und angebrannten Gemüsetöpfen?

Erinnere mich an alles, was ich leicht vergesse; nicht nur um Treppen zu sparen, sondern, daß mein vollendet gedeckter Tisch ein Gebet werde. Obgleich ich Martha-

Hände habe, hab' ich doch ein Maria-Gemüt, und wenn ich die schwarzen Schuhe putze, versuche ich, Herr, Deine Sandalen zu finden. Ich denke daran, wie sie auf Erden gewandelt sind, wenn ich den Boden schrubbe.

Herr, nimm meine Betrachtung an, weil ich keine Zeit habe für mehr.

Herr, mache Dein Aschenbrödel zu einer himmlischen Prinzessin;

erwärme die ganze Küche mit Deiner Liebe und erleuchte sie mit Deinem Frieden.

Vergib mir, daß ich mich so absorge, und hilf mir, daß mein Murren aufhört.

Herr, der Du das Frühstück am See bereitet hast, vergib der Welt, die da sagt: »Was kann denn aus Nazareth Gutes kommen?«

HERKUNFT UNBEKANNT

»Darum auf, meine Töchter! Seid nicht mutlos, wenn der Gehorsam von euch nur äußere Werke verlangt. Erkennt, daß euch selbst in der Küche bei den Töpfen der Herr begleitet, um euch innerlich und äußerlich beizustehen.«

TERESA VON AVILA

SONNENGESANG

Höchster, mächtiger, gütiger Herr,
dein ist der Preis, die Herrlichkeit, die Ehre und jeglicher
Segen:
Dir allein gebühren sie,
und der Menschen keiner ist würdig, dich zu nennen.

Sei gepriesen, mein Herr, mit allen deinen Geschöpfen,
vornehmlich mit unserer Schwester, der Sonne:
Sie wirket den Tag und schenkt uns durch ihn das Licht.
Schön ist sie und strahlend in großem Glanze
und deines Wesens, Allerhöchster, ein Gleichnis.

Sei gepriesen, mein Herr, durch unseren Bruder, den
Mond, und die Sterne:
Du hast sie am Himmel gebildet, leuchtend, kostbar und
schön.

Sei gepriesen, mein Herr, durch unsern Bruder, den Wind,
durch die Luft und die Wolken, durch die heitern und dü-
steren Tage,
durch welche du deinen Geschöpfen Dauer verleihst.

Sei gepriesen, mein Herr, durch unsere Schwester, das Wasser:
Nützlich ist es sehr, voll Demut, köstlich und keusch.

Sei gepriesen, mein Herr, durch unsern Bruder, das Feuer,
durch welchen du die Nächte erleuchtest.
Schön ist es, heiter, sehr stark und gewaltig.

Sei gepriesen, mein Herr, durch unsere Schwester, die Mutter Erde,
welche uns nährt und erhält
und viele Früchte gebiert und bunte Blumen und Kräuter.

Sei gepriesen, mein Herr, durch die, welche verzeihen aus
Liebe zu dir,
die ausharren in Mühsal und Leid.
Selig die, welche dulden in Frieden,
denn du, Allerhöchster, wirst sie krönen.

Sei gepriesen, mein Herr, durch unsern Bruder, den leiblichen Tod:
Keiner der Lebenden kann ihm entrinnen.
Weh denen, die sterben in tödlicher Sünde, und
selig die, welche ruhen in deinem heiligsten Willen,
denn der zeitliche Tod kann ihnen nicht schaden.

Preiset und lobet meinen Herrn und saget ihm Dank:
Und dienet ihm in großer Demut.

FRANZ VON ASSISI

Alles Wirkliche trägt nicht nur ein vordergründiges Gesicht,
sondern wird hintergründig von etwas Tieferem durchwaltet.

THALES VON MILET

Jedoch die äußeren Erscheinungsformen sind den geübten Menschen nichts äußerliches, denn alle Dinge haben für die innerlichen Menschen eine inwendige göttliche Seinsweise.

MEISTER ECKEHART

ZEIT

Was ist an ihr wirklich? Bei genauem Hinsehen allein die Gegenwart, das Jetzt. Vergangenheit existiert nur in unserer Erinnerung. Zukunft nur in unserer Erwartung. Damit sind beide nicht eigentlich wirklich. Es ist die Beschränktheit unseres menschlichen Bewußtseins, die das immer Seiende allein im Nacheinander zu fassen vermag. Was aber in nicht endender Folge vor uns auftaucht und vorüberzieht, das ist vor Gottes Auge alles gleich gegenwärtig …

AURELIUS AUGUSTINUS

HAIKU

In Windenblüten
trat mir vor Augen
das eigne Leben –

Als ob zum Zweige
im Fall die Blüte heimkehrt –
es ist ein Falter!

Vor weißen Astern
hält eine Weile inne
die Blumenschere –

Aus Windenblüten
taucht auf und kommt heraus
der alte Meister.

Um mein Brunnenseil
rankte eine Winde sich –
gib mir Wasser – Freund!

Die Trichterwinde –
des tiefen Abgrunds Farbe
in einer Blüte –

Die Windenblüte
ging ganz gelassen auf
im Winde morgens –

Die Lotosblüte
hat schwankend noch gezittert
bevor sie abfiel –

Geduld –
Winde mögen wehen,
Die rauh sind,
Aber die Weide!

SENGAI

Ein alter Teich,
Ein Frosch springt hinein –
Das Geräusch des Wassers.

BASHO

Tief in den Bergen
weiß man noch nichts
vom Frühling.
An der Kieferntür langsam
erst rinnen herab
Perlen tauenden Schnees.

PRINZESSIN SHIKISHI

Ein Krieger besuchte Meister Hakuin und fragte: »Gibt es wirklich einen Himmel und eine Hölle?«

»Wer bist du?« fragte der Meister.

»Ein Soldat der kaiserlichen Garde«, erwiderte der Krieger stolz.

»Das glaube ich nicht«, meinte Hakuin, »dafür siehst du viel zu jämmerlich aus. So einen stellt der Kaiser nicht in die Garde ein!«

Aufbrausend griff der Krieger zum Schwert, doch Hakuin blieb ganz ruhig und sagte nur: »Na los! Wirst du es wirklich schaffen, mir den Kopf abzuschlagen?«

Der Krieger konnte sich nicht mehr zurückhalten und stürzte wütend mit gezogenem Schwert auf den Meister ein.

Der lächelte nur und sagte: »Jetzt kennst du die erste Hälfte der Antwort: Eben hast du die Tore der Hölle geöffnet.«

Wie vom Blitz gerührt blieb der Krieger stehen, dann steckte er sein Schwert in die Scheide und verneigte sich vor Hakuin.

»Jetzt kennst du die zweite Hälfte der Antwort«, sprach der Meister, »eben hast du die Tore des Himmels geöffnet.«

Ich habe nicht viele Zen-Klöster aufgesucht. Zufällig nur und gelassen bin ich meinem alten Meister T'ien-t'ung (Juching) begegnet, und ich habe dann sogleich verstanden: Die Augen sind waagerecht, die Nase ist senkrecht. Ganz und gar unberührt von Irreführungen anderer, bin ich heimgekehrt mit leeren Händen. So nenne ich nicht ein Fäserchen vom Dharma des Buddha mein eigen. Nun lasse ich die Zeit verstreichen und nehme hin, was immer kommen mag.

Jeden Morgen geht im Osten die Sonne auf.
Jeden Abend geht im Westen der Mond unter.
Die Wolke zieht sich zurück,
der Berg entblößt sein Gebein,
Regen zieht vorüber; niedrig im Umkreis die Hügel.

Wie sieht es nach alldem aus?
(Pause)

Nach drei Jahren ist ein Schaltjahr.
Hähne krähen des Morgens zur fünften Stunde.

DOGEN

Das Tun sei Nicht-Tun,
Das Geschäft sei Nicht-Geschäft,
Der Genuß sei Nicht-Genuß,
Das Große sei Kleines,
Das Viele sei Weniges.

Nicht-Tun, und doch bleibt nichts ungetan.

LAO-TSE

Der Reifen des Rades
wird gehalten von den Speichen
aber das Leere zwischen ihnen
ist das Sinnvolle beim Gebrauch.

Aus nassem Ton formt man Gefäße,
aber das Leere in ihnen ermöglicht das Füllen der Krüge.

Aus Holz zimmert man Türen und Fenster,
aber das Leere in ihnen macht das Haus bewohnbar.

So ist das Sichtbare zwar von Nutzen,
doch das Wesentliche bleibt unsichtbar.

LAO-TSE

Nur weil Gott ist,
ist der Stein ein Stein.

Nur weil Gott ist,
ist der Baum ein Baum,
der Löwe ein Löwe,
der Mensch ein Mensch.

Nur weil Gott ist,
ist das Gute gut
und das Leben lebendig
und das Nichts nichts
und ist das Sein.

Nur weil Gott ist,
ist alles, was es ist.
Denn ohne ihn,
ohne die Einheit in den Dingen,
könnte nichts sein.
Ohne dass er von seinem Strahlen
bis zu uns hin
einen Abglanz leuchten lässt,
könnte nichts sein.

Oder anders gesagt:
In allem, was ist,
leuchten seine Strahlen.

DIONYSIUS AREOPAGITA

O großer Geist, dessen Stimme ich in den Winden vernehme und dessen Atem der ganzen Welt Leben spendet, höre mich.

Ich trete vor dich hin als eines deiner vielen Kinder. Ich bin klein und schwach. Ich bedarf deiner Kraft und Weisheit. Laß mich in Schönheit wandeln und meine Augen immer den roten und purpurnen Sonnenuntergang schauen. Laß meine Hände die Dinge verehren, die du gemacht hast, und meine Ohren deine Stimme hören.

Schenke mir Weisheit, daß ich die Dinge, die du mein Volk gelehrt hast, und die Lehre, die du in jedem Blatt und jedem Felsen verborgen hast, erkennen möge.

GEBET DER SIOUX

LEGENDE VON DEN MÖNCHEN

Es waren zwei Mönche, die lasen miteinander in einem alten Buch, am Ende der Welt gebe es einen Ort, an dem der Himmel und die Erde sich berühren. Sie beschlossen, ihn zu suchen und nicht umzukehren, ehe sie ihn gefunden hätten. Sie durchwanderten die Welt, bestanden unzählige Gefahren, erlitten alle Entbehrungen, die eine Wanderung durch die ganze Welt fordert, und alle Versuchungen, die einen Menschen von seinem Ziel abbringen können. Eine Tür sei dort, so hatten sie gelesen, man brauche nur anzuklopfen und befinde sich bei Gott. Schließlich fanden sie, was sie suchten, sie klopften an die Tür, bebenden Herzens sahen sie, wie sie sich öffnete, als sie eintraten, standen sie zu Hause in ihrer Klosterzelle.

Da begriffen sie: Der Ort, an dem Himmel und Erde sich berühren, befindet sich auf dieser Erde, an der Stelle, die uns Gott zugewiesen hat.

DIE BRILLE

Der alte Rabbi Jizchak war beim Talmudstudium unterbrochen worden. Während er sich wieder vor die Bücher setzt, tappt er nach der Brille, die nicht wie gewohnt im Buch liegt ... Er überlegt: »Jeden Tag trag ich beim Lesen die Brille, und wenn ich aufhör, leg ich die Brille ins Buch. Wenn ich das täglich tu, hab ich's heute auch getan. Wenn ich es aber getan hab, muß die Brille drin liegen. Sie liegt aber nicht drin. Was heißt: Sie liegt nicht drin? Sie liegt nicht drin, heißt: Die Brille ist weg. Was heißt: Sie ist weg? Von allein kann sie doch nicht weg sein. Also muß sie jemand genommen haben. Wer kann die Brille genommen haben? Die Brille kann einer genommen haben, der eine Brille braucht. Einer, der ein Brille braucht, der hat doch eine Brille und braucht nicht meine Brille. Einer, der keine Brille braucht, der braucht meine Brille auch nicht. Also – kann sie keiner genommen haben. Hat aber keiner die Brille genommen, so muß sie doch da sein! Seh ich doch, daß sie nicht da ist! Was heißt – ich seh? Sehen kann ich doch nur mit der Brille. Ohne Brille seh ich doch nicht. Wenn ich also seh, daß die Brille nicht da ist – muß ich die Brille noch tragen« – und er greift an die Nase – das Beweisstück ist da! Oh!

MARTIN BUBER

Matthäus 17,20

Wenn ihr Glauben habt
wie ein Senfkorn,
so könnt ihr sagen
zu diesem Berge:
Hebe dich dorthin!,
so wird er sich heben;
und euch wird
nichts unmöglich sein.

MEIN GLAUBE

EHRE DEINE RELIGION

Wenn du
zu denen gehörst,
die den Weg des Glaubens gehen,
sei es als
Christ, Moslem oder Buddhist
oder sonstiger Religionszugehörigkeit,
ehre deine Religion.

Sie hat dich bis hierher geführt,
dich gehalten und getragen
in schwierigen Zeiten.
Sie hat den Glauben an Gott wachgehalten
durch alle Zeiten.

Im Protest mit ihr
und Zweifel an ihr,
hat sie dich auf die Suche gebracht,
auf die Suche
nach der Wahrheit,
die sie dich lehrte.

Aus Zweifel
entsteht Protest,
aus Protest erwächst die Kraft,
weiterzugehen.

Religion ist
vergleichbar einer Mutter,
deren Kinder irgendwann das Haus verlassen,
um selbständig zu werden.
Sie kehren nach Hause zurück,
wenn sie
den eigenen Weg
gefunden haben,
dankbar,
aber auch voll neuer Ideen.

So bringe denn
deine Erfahrungen und Ideen
als Geschenk zurück
und hilf ihr
mit der Zeit zu gehen.

Zurückgekehrt wirst du
deine Religion
im anderen Lichte sehen
und du wirst
ihre Weisheiten verstehen.

INGEBORG WOLF

DU STRÖMENDES DU

Wie Tau auf den Gräsern
liegst Du auf meinen Gedanken.
Wie ein Morgen breitest Du Dich aus
über meine Tiefen.
Wie ein Abend hüllst Du uns ein
in Dein Schweigen,
Du bleibendes Antlitz
hinter unseren flüchtigen Blicken,
Du strömendes Du hinter meiner Maske.
Du Ozean in den Augen der Guten,
Du Friede in den Händen der Liebenden,
Du reiches, fließendes,
unaufhaltsames, unerschöpfliches DU!
Du helles, Du dunkles Du!
Du überdachst mich mit dem Zelt
Deines Alls.
Du birgst mich,
Du erziehst mich zur Weite,
indem Du mich aus dem Paradies vertreibst.
Du hast mich aus dem Nest geworfen.
Einen unruhigen Geist hast Du
in meinen Lehm gehaucht.
Du läßt mich nicht ruhen.
Wie Abraham
drängst Du mich aus Ur in Chaldäa.
Jahrzehnte werden vergehen,
bis Licht und Dunkel geeint sind in mir,
wie sie eins sind in Dir.

MARTIN GUTL

Dunkel leuchtende höhle
wo wir
wärme suchen und zuflucht
bei feuer und freunden
schöne höhle gott
in der wir
immer schon gingen
und wußten es nicht

KURT MARTI

IMMER BIST DU ES

Ehe wir Dich suchten,
warst Du da.
Bevor wir Dich »Vater« riefen,
hast Du uns als Mutter umsorgt.
Beugten wir die Knie vor Dir, dem Herrn,
kamst Du als Bruder entgegen.
Beschworen wir Deine Brüderlichkeit,
erging die Antwort schwesterlich.

Immer bist Du es,
der vorher war;
allwärts bist Du es,
der begegnet.

KURT MARTI

Abschied von Gott, dem Herrscher, dem Fürsten, dem Allmächtigen – solange alle diese Attribute nur unseren eigenen Willen zur Macht widerspiegeln –, ist der erste Schritt. Wenn wir Gott im Erotischen wahrnehmen wollen, müssen wir selber ganz liebend werden. Liebe ist nicht wirklich Liebe ohne den Verzicht auf Herrschaft, ohne daß wir uns abrüsten bis zur letzten Nacktheit, ohne daß wir verwundbar und berührbar bleiben. Die Erotik Gottes ist in der Liebe ohne Netz, ohne Bedingungen, in der liebenden Wahrnehmung des Menschen und der Erde.

JOHANNES THIELE

SCHAM

Wenn du mich anblickst, werd' ich schön,
schön wie das Riedgras unterm Tau.
Wenn ich zum Fluß hinuntersteige,
erkennt das hohe Schilf mein sel'ges Angesicht nicht mehr.

Ich schäme mich des tristen Munds,
der Stimme, der zerriss'nen, meiner rauhen Knie.
Jetzt, da du mich, herbeigeeilt, betrachtest,
fand ich mich arm, fühlt' ich mich bloß.

Am Wege trafst du keinen Stein,
der nackter wäre in der Morgenröte
als ich, die Frau, auf die du deinen Blick geworfen,
da du sie singen hörtest.

Ich werde schweigen. Keiner soll mein Glück
erschaun, der durch das Flachland schreitet,
den Glanz auf meiner plumpen Stirn nicht einer sehen,
das Zittern nicht von meiner Hand ...

Die Nacht ist da. Aufs Riedgras fällt der Tau.
Senk lange deinen Blick auf mich. Umhüll mich zärtlich
durch dein Wort.
Schon morgen wird, wenn sie zum Fluß hinuntersteigt,
die du geküßt, von Schönheit strahlen.

GABRIELA MISTRAL

UND DU HAST MICH GEHALTEN

Und du hast mich gehalten – keine worte –
keine zeit und du hast mich gehalten
nur verlangen und
gehaltenwerden und erfüllt werden mit verlangen
und ich war nichts als hingabe
und gehalten werden
– keine worte und
keine worte wurden gebraucht
kein schrecken nur stille
und mich verlangte nach nichts und
es war die fülle
und wie ein schmerzliches sehnen nach gott
berührung und wärme und
dunkelheit – keine zeit –
keine worte und wir flossen
und ich floß über und ich war nicht leer
und ich war im dunkel und
in der dunkelheit war ich nicht verloren
und das sehnen wie fülle und ich
konnte sie kaum halten und wurde gehalten und
du warst – dunkel und warm ohne zeit
ohne worte – und du hast mich gehalten.

JANET MORLEY

WAS ES IST

Es ist Unsinn
sagt die Vernunft
Es ist was es ist
sagt die Liebe

Es ist Unglück
sagt die Berechnung
Es ist nichts als Schmerz
sagt die Angst
Es ist aussichtslos
sagt die Einsicht
Es ist was es ist
sagt die Liebe

Es ist lächerlich
sagt der Stolz
Es ist leichtsinnig
sagt die Vorsicht
Es ist unmöglich
sagt die Erfahrung
Es ist was es ist
sagt die Liebe

ERICH FRIED

Wer bist du, Licht,
das mich erfüllt
und meines Herzens Dunkelheit
erleuchtet?
Du leitest mich
gleich einer Mutter Hand,
und ließest du mich los,
so wüßte keinen Schritt
ich mehr zu gehen.
Du bist der Raum,
der rund mein Sein
umschließt und
in sich birgt.
Aus dir entlassen,
sänk es in den Abgrund
des Nichts,
aus dem du es
zum Sein erhobst.
Du, näher mir
als ich mir selbst
und innerlicher
als mein Innerstes –
und doch ungreifbar
und unfassbar
und jeden Namen sprengend:
Heiliger Geist – Ewige Liebe.

EDITH STEIN

Und wie jeder von euch allein
steht in Gottes Wissen,
ebenso muß jeder von euch allein
sein in seinem Wissen um Gott
und seinem Verstehen der Erde.

KHALIL GIBRAN

Bis zu diesem Tage hat noch niemand gesehen, daß die Zugvögel ihren Weg nehmen nach wärmeren Gegenden, die es gar nicht gäbe, oder daß sich die Flüsse ihren Lauf durch Felsen und Ebenen bahnen und einem Meer entgegenströmen, das gar nicht vorhanden wäre. Gott hat gewiß keine Sehnsucht erschaffen, ohne auch die Wirklichkeit zur Hand zu haben, die als Erfüllung dazugehört. Unsere Sehnsucht ist unser Pfad.

TANIA BLIXEN

Ich halte Jesus von Nazareth für den glücklichsten Menschen, der je gelebt hat. Ich denke, daß die Kraft seiner Phantasie aus dem Glück heraus verstanden werden muß. Alle Phantasie ist ins Gelingen verliebt, sie läßt sich etwas einfallen und sprengt immer wieder die Grenzen und befreit die Menschen, die sich unter diesen Grenzen in Opfer und Entsagung, in Repression und Rache ducken und sie so ewig verlängern. Jesus erscheint in der Schilderung der Evangelien als ein Mensch, der seine Umgebung mit Glück ansteckte, der seine Kraft weitergab, der verschenkte, was er hatte. Das konventionelle Bild von Jesus hat immer seinen Gehorsam und seinen Opfersinn in den Vordergrund gestellt. Aber Phantasie, die aus Glück geboren wird, scheint mir eine genauere Beschreibung seines Lebens. Sogar sein Tod wäre mißdeutet als das tragische Scheitern eines Glücklosen, er wäre zu kurz verstanden, wenn nicht die Möglichkeit der Auferstehung in Jesus selber festgehalten würde! Auferstehung als die weitergehende Wahrheit der Sache Jesu ist aber im Tode dieses Menschen gegenwärtig; er hat den Satz »Ich bin das Leben« auch im Sterben nicht zurückgenommen.

DOROTHEE SÖLLE

Als ein Unbekannter und Namenloser kommt er zu uns, wie er am Gestade des Sees an jene Männer, die nicht wußten, wer er war, herantrat. Er sagt dasselbe Wort: Du aber folge mir nach! und stellt uns vor die Aufgaben, die er in unserer Zeit lösen muß. Er gebietet. Und denjenigen, welche ihm gehorchen, Weisen und Unweisen, wird er sich offenbaren in dem, was sie in seiner Gemeinschaft an Frieden, Wirken, Kämpfen und Leiden erleben dürfen, und als ein unaussprechliches Geheimnis werden sie erfahren, wer er ist ...

ALBERT SCHWEITZER

Mystische Erfahrung ist Erfahrung des Ganzanderen, des Absoluten, des Göttlichen im eigenen Existenzgrund. Die Offenbarungsweise dieses Göttlichen ist personal und apersonal. Beide Offenbarungsweisen sind komplementär. Mystische Erfahrung verändert das Alltagsbewußtsein in dreifacher Hinsicht: es reinigt, erleuchtet und einigt. Reinigung läutert den Menschen von allen Spielarten der Egozentrik. Erleuchtung verwandelt und erweitert das Bewußtsein. Durch Einigung mit dem Göttlichen neugeboren, nimmt der Mystiker teil an der ruhevollen Dynamik des Göttlichen selber. Weil er das Göttliche in sich gefunden hat, erkennt er es in allen Dingen und erkennt die Dinge in ihrer wahren Seinsweise als Ausdruck des Göttlichen. Dieses mystische Erleben hat praktische Konsequenzen: Mystische Erfahrung fordert die eigene Verwandlung als Voraussetzung für den Dienst an der Welt. Mystische Erfahrung setzt neue Maßstäbe. Die Güter dieser Welt sollen der inneren und äußeren Selbstverwirklichung des menschlichen und göttlichen Menschen dienen. Mystik relativiert die Gegensätze und Unterschiede in Gesellschaft, Kultur und Religion, weil sie alles mit allem in Beziehung setzt. Sie ist relational. Das macht ideologiefrei und belastbar zur Kommunikation und Kooperation über die Systemzwänge hinweg. Mystik vertraut der Grundkraft des Lebens trotz aller Widerstände des Bösen. Auch das Böse muß letzten Endes wider Willen der Gesamtentwicklung dienen als Läuterung und Reifung aller Beteiligten. Im Kampf um eine menschlichere Welt und um ein neues integrales Bewußtsein weiß sich der Mystiker getragen von der göttlichen Kraft. Ihr dient er in allem. Darum bleibt er gelassen und zuversichtlich inmitten aller Schwierigkeiten des Umbruches heute. Das aber, was bleibt, stiften die Liebenden.

JOSEF ZAPF

Bete, daß deine Einsamkeit der Stachel werde, etwas zu finden, wofür du leben kannst, und groß genug, um dafür zu sterben.

In dem Glauben, der »Gottes Vereinigung mit der Seele«
ist, bist du *eins* mit Gott
und Gott ganz in dir,
gleichwie er ganz für dich ist in allem, was dir begegnet.
In diesem Glauben steigst du im Gebet hinab in dich selbst,
um den anderen zu treffen,
im Gehorsam und Licht der Vereinigung;
stehen für dich alle, gleich dir, einsam vor Gott;
ist unser Tun ein fortwährender Schöpfungsakt – bewußt,
weil du eine menschliche Verantwortung hast, und gleichwohl gesteuert von der Kraft jenseits des Bewußtseins, die
den Menschen schuf;
bist du frei von den Dingen, aber begegnest ihnen in einem
Erlebnis, das die befreiende Reinheit und die entschleiernde Schärfe der Offenbarung besitzt.
In dem Glauben, der »Gottes Vereinigung mit der Seele«
ist, hat darum *alles* einen Sinn.
So leben, so nutzen, was in deine Hand gegeben wurde...

DAG HAMMARSKJÖLD

Ich glaube, daß Gott aus allem, auch aus dem Bösesten, Gutes entstehen lassen kann und will. Dafür braucht er Menschen, die sich alle Dinge zum Besten dienen lassen. Ich glaube, daß Gott uns in jeder Notlage soviel Widerstandskraft geben will, wie wir brauchen. Aber er gibt sie nicht im voraus, damit wir uns nicht auf uns selbst, sondern allein auf ihn verlassen. In solchem Glauben müßte alle Angst vor der Zukunft überwunden sein. Ich glaube, daß auch unsere Fehler und Irrtümer nicht vergeblich sind, und daß es Gott nicht schwerer ist, mit ihnen fertig zu werden, als mit unseren vermeintlichen Guttaten. Ich glaube, daß Gott kein zeitloses Fatum ist, sondern daß er auf aufrichtige Gebete und verantwortliche Taten wartet und antwortet.

DIETRICH BONHOEFFER

Verlangen wirst Du, daß wir, die Lieblosen dieser Erde,
Deine Liebe sind,
Die Häßlichen Deine Schönheit,
Die Rastlosen Deine Ruhe,
Die Wortlosen Deine Rede,
Die Schweren Dein Flug.

Jeder wird wissen, daß dieses von ihm erwartet wird,
Etwas wogegen Atombomben ein Kinderspiel sind,
Und aufbegehren wird er und sagen: wie kommen wir
dazu.
Und sagen, wie häßlich ist es, erwachsen zu werden.
Und aufzubleiben in der Nacht, allein.
Aber jeder wird wissen: dies ist Dein letztes Geheimnis.

Dein Fernsein Deine Nähe,
Dein Zuendesein Dein Anfang,
Deine Kälte Dein Feuer,
Deine Gleichgültigkeit Dein Zorn.

Und einige wirst Du bisweilen beweglich machen
Schneller als Deine Maschinen und künstlichen Blitze,
Überflügeln werden sie ihre Angst.
Fahrende werden sie sein. Freudige.
Reich wird und voll von Süße sein
Die Begegnung, der Gruß im Vorüber.
Nisten werden sie in ihrer Heimatlosigkeit
Und sich lieben in Tälern des Abschieds.
Gleitet Ihr Sterblichen –

MARIE LUISE KASCHNITZ

EIN LEBEN NACH DEM TODE

Glauben Sie fragte man mich
An ein Leben nach dem Tode
Und ich antwortete: ja
Aber dann wußte ich
Keine Auskunft zu geben
Wie das aussehen sollte
Wie ich selber
Aussehen sollte
Dort

Ich wußte nur eines
Keine Hierarchie
Von Heiligen auf goldenen Stühlen sitzend
Kein Niedersturz
Verdammter Seelen
Nur

Nur Liebe frei gewordene
Niemals aufgezehrte
Mich überflutend

Kein Schutzmantel starr aus Gold
Mit Edelsteinen besetzt
Ein spinnwebenleichtes Gewand
Ein Hauch
Mir um die Schultern
Liebkosung schöne Bewegung
Wie einst von tyrrhenischen Wellen
Wie von Worten die hin und her
Wortfetzen
Komm du komm

Schmerzweb mit Tränen besetzt
Berg- und Tal-Fahrt
Und deine Hand
Wieder in meiner

So lagen wir lasest du vor
Schlief ich ein
Wachte auf
Schlief ein
Wache auf
Deine Stimme empfängt mich
Entläßt mich und immer
So fort

Mehr also, fragen die Frager
Erwarten sie nicht nach dem Tode?
Und ich antworte
Weniger nicht.

MARIE LUISE KASCHNITZ

Also die Dinge sind tot.
Nicht Gott ist tot, aber die Dinge;
es war ein Nachrichten-Versehen,
ein Übermittlungs-Fehler, eine Falschmeldung.
Die Dinge sind tot,
und wir (das war richtig) wir waren es,
die sie erforschten, erwürgten, umbrachten.
Von jeher hatten die Dinge von der Mühe gelebt,
die man sich um sie machte.
Schwer begreiflich; aber um Mühe gaben sie Leben.
Man wollte sie mühelos, man wollte sie hergestellt haben.
Das gelang auch. Aber um den Preis ihres Lebens.
Zwar gibt es noch viele,
die den Tod der Dinge nicht wahrhaben wollen.
Sie ertragen die Nachricht nicht.
Sie gleichen den Müttern,
die ein Jahrzehnt die Nachricht verweigerten,
ihre Söhne seien auf den Schneefeldern zugeweht worden
und sagten: Ich weiß es, er lebt noch.
Eines Tages aber werden es alle einsehen und sich gestehen
müssen, daß die Dinge tot sind.
Dann wird in den Zeitungen stehen:
Wie jetzt bekannt wird, sind die Dinge verstorben.
Wir werden darauf noch zurückkommen.
Aber zur Zeit dieser Meldung werden nicht mehr viele
verstehen, was gemeint ist.
Nur sehr alte Leute werden sich erinnern,
in ihren jungen Tagen davon gehört oder gelesen zu haben:
irgendwann einmal, vor Zeiten, lustige Vorstellung,
sollten die Dinge, der Mond und der Bach und die Tanne,
die Stadt und die Bucht und das Kornfeld gelebt haben.

ERHART KÄSTNER

Letztlich ist alles einfach,
so einfach wie ein Blatt,
das man in der Hand hat,
so einfach wie das
Lachen eines Kindes.

JEAN GEBSER

ACH!

Wir hielten vor einem kleinen türkischen Kloster, in dem Derwische lebten, die jeden Freitag tanzten. Das grüne Bogentor zeigte auf dem Türbalken eine bronzene Hand – das heilige Zeichen Mohammeds. Wir traten in den Hof. Aus einer Zelle kam ein Derwisch auf uns zu; er legte grüßend die Hand auf die Brust, Lippen und Stirn. Wir setzten uns. Der Derwisch sprach von den Blumen, die wir rundum sahen, und vom Meer, das zwischen den spitzen Blättern des Lorbeerbaumes blitzte. Später begann er, über den Tanz zu sprechen.

»Wenn ich nicht tanzen kann, kann ich nicht beten. Ich spreche durch den Tanz zu Gott.«
»Was für einen Namen gebt Ihr Gott, Ehrwürden?«
»Er hat keinen Namen«, antwortete der Derwisch. »Gott kann man nicht in einen Namen pressen. Der Name ist ein Gefängnis. Gott ist frei.«

»Wenn Ihr ihn aber rufen wollt? Wenn es notwendig ist, wie ruft Ihr ihn?«
»Ach!« antwortete er. »Nicht: Allah. Ach! werde ich ihn rufen.«
Ich erbebte.
»Er hat recht«, murmelte ich.

NIKOS KAZANTZAKIS

DER HERR DES TANZES

Ich tanzte, als die Welt
im Schöpfungsmorgen stand,
ich tanzte, als der erste Sonnenstrahl
die Erde fand;
ich tanzte hervor aus Gottes Ewigkeit
und spielte als Kind in der Erdenzeit.

Tanz nur, wo immer du auch bist,
König des Tanzes bin ich, spricht Christ.
Ich führe den Reigen hinan zu Gottes Thron;
denn ich bin des Vaters ewiger Sohn.

Ich tanzte vor des Volkes hoher Obrigkeit;
sie stießen mich zurück in ihrer Geistesdunkelheit;
ich tanzte vor den Armen und den Fischersleut;
sie folgten mir; sie folgen noch heut.
Tanz nur ...

Ich tanzte am Sabbat,
und der Lahme ward gesund;
da haßten sie mein Volk
und planten meine Todesstund.
Sie schlugen mich ans Kreuz
und höhnten meinen Todesschrei
und brachten bittren Trank herbei.
Tanz nur ...

Ich tanzte am Karfreitag,
bis die finstre Nacht brach ein;
die Felsen barsten,
und das Licht ward schwarz vom Höllenschein;
sie trugen mich zu Grabe,
weil der Reigentanz war aus;
doch ich tanzte durch des Todes Haus.
Tanz nur …

Sie schlugen mich zu Boden,
doch ich tanzte hoch hinaus;
das Sterben ward vernichtet
durch des Tanzes Siegeslauf.
Mein Tanzen lebt in jedem,
der in meinem Reigen ist;
denn ich bin des Tanzes Herr, spricht Christ.
Tanz nur …

SYDNEY CARTER

DEM UNBEKANNTEN GOTT

Noch einmal, eh ich weiter ziehe
Und meine Blicke vorwärts sende,
Heb ich vereinsamt meine Hände
Zu dir empor, zu dem ich fliehe,
Dem ich in tiefster Herzenstiefe
Altäre feierlich geweiht,
Daß allezeit
Mich deine Stimme wieder riefe.

Darauf erglüht, tief eingeschrieben
Das Wort: dem unbekannten Gotte.
Sein bin ich, ob ich in der Frevler Rotte
Auch bis zur Stunde bin geblieben.
Sein bin ich – und ich fühl die Schlingen,
Die mich im Kampf darniederziehn
Und, mag ich fliehn,
Mich doch zu seinem Dienste zwingen.

Ich will dich kennen, Unbekannter,
Du tief in meine Seele Greifender
Mein Leben wie ein Sturm Durchschweifender,
Du Unfaßbarer, mir Verwandter!
Ich will dich kennen, selbst dir dienen.

FRIEDRICH NIETZSCHE

Wenn dir der Gedanke kommt, daß alles, was du über Gott gedacht hast, verkehrt ist, und daß es keinen Gott gibt, so gerate darüber nicht in Bestürzung. Es geht vielen so. Glaube aber nicht, daß dein Unglaube daher rührt, daß es keinen Gott gibt. Wenn du nicht mehr an den Gott glauben kannst, an den du früher geglaubt hast, so rührt das daher, daß in deinem Glauben etwas verkehrt war, und du mußt dich besser bemühen, zu begreifen, was du Gott nennst. Wenn ein Wilder an seinen hölzernen Gott zu glauben aufhört, heißt das nicht, daß es keinen Gott gibt, sondern nur, daß der wahre Gott nicht aus Holz ist.

LEO TOLSTOI

Rabbi David Leikes weinte nur ein einziges Mal in seinem Leben: an dem Tag, an dem der Baal-Schem seine Seele aushauchte.

Man kannte, man liebte Rabbi David Leikes für seine überschwengliche, mitreißende Freude: Er war ein glücklicher Mensch. Beim Beten geriet er in Begeisterung; selbst aus den Klagen machte er Lobgesänge. Er überlebte seine vier Söhne, seine drei Töchter und seine Frau. Mit dreiundsiebzig Jahren, trauernd, vereinsamt, verfiel er dennoch nicht in Verzweiflung. Um Gott zu loben, muß man leben, sagte er; und um zu leben, muß man das Leben lieben, trotz allem.

Er verheiratete sich wieder, mit einer Wirtin, die ihm drei Söhne und eine Tochter schenkte. Er lebte glücklich bis zum Ende in voller Frische. Als er mit hundert Jahren auf dem Totenbett lag, hörte er, wie das Gericht – dessen Präsident er war – im Nebenraum beriet. »Warum tut ihr das ohne mich?« beklagte er sich. »Mein Leben lang war ich Gottes Teilhaber bei seinen irdischen Werken, und gerade jetzt wollt ihr mich ausschließen?«

Er hörte die Zeugen an, wog die widersprüchlichen Aussagen gegeneinander ab und sprach sein Urteil. Im nächsten Augenblick war er wieder heiter.

»Ich verlasse jetzt dieses Gericht und gehe zu einem anderen«, sagte er. Es waren seine letzten Worte.

ELIE WIESEL

Nah ist
und schwer zu fassen der Gott.
Wo aber Gefahr ist, wächst
das Rettende auch.
Im Finstern wohnen
die Adler und furchtlos gehn
die Söhne der Alpen über den Abgrund weg
auf leichtgebaueten Brücken.
Drum, da gehäuft sind rings
die Gipfel der Zeit, und die Liebsten
nahe wohnen, ermattend auf
getrenntesten Bergen,
so gib unschuldig Wasser,
o Fittiche gib uns, treuesten Sinns
hinüberzugehn und wiederzukehren…

FRIEDRICH HÖLDERLIN

Ja, Amen, du bist.
Mein Geist beuget sich
und das Allerinnigste in mir
stattet dir dieses Bekenntnis ab,
daß du seiest.
Wie so glückselig schätze ich mich,
daß du bist
und daß du nicht kannst nicht sein.
Wie so glückselig bin ich,
daß ich weiß, daß »Gott ist!«
und daß ich dieses Bekenntnis abstatten kann,
daß »Gott ist!«.
Höret es, alle Kreaturen alle:
»Gott ist!«
Ich gönne dir's, mein Gott,
daß du bist;
es gefällt mir so wohl,
daß du bist.
O wie schön und wie so gut ist es,
daß du bist,
und daß du bist derjenige,
der du bist.
Ich wollte lieber,
daß ich nicht wäre
als daß du nicht sein solltest.

Doch, was bin ich?
Und was ist alles?
Bin ich wirklich?
Und ist alles wirklich?
Was ist dieses Ich?
Was ist dieses Alles?
Wir sind nur,
weil du bist

und weil du willst, daß wir sein sollen.
Alles, was ich weiß,
und alles, was ich beschaue,
ist nur ein selbstgemachtes totes Unding,
wo du nicht selbst mich erleuchtest
und du nicht selbst dich mir zu beschauen gibst,
o du allein wesentliche Wahrheit.

GERHARD TERSTEEGEN

DAS MEMORIAL

Jahr der Gnade 1654

Montag, den 23. November, Tag des heiligen Klemens, Papst und Märtyrer, und anderer im Martyrologium. Vorabend des Tages des heiligen Chrysogonos, Märtyrer, und anderer.
Seit ungefähr abends zehneinhalb bis ungefähr eine halbe Stunde nach Mitternacht

FEUER

»Gott Abrahams, Gott Isaaks, Gott Jakobs«, nicht der Philosophen und Gelehrten.
Gewißheit, Gewißheit, Empfinden: Freude, Friede. Gott Jesu Christi
Deum meum et Deum vestrum.
»Dein Gott wird mein Gott sein« – Ruth –
Vergessen von der Welt und von allem, außer Gott.
Nur auf den Wegen, die das Evangelium lehrt, ist er zu finden.
Größe der menschlichen Seele
»Gerechter Vater, die Welt kennt dich nicht; ich aber kenne dich.«
Freude, Freude, Freude und Tränen der Freude.
Ich habe mich von ihm getrennt.
Dereliquerunt me fontem aquae vivae.
»Mein Gott, warum hast du mich verlassen.«
Möge ich nicht auf ewig von ihm geschieden sein.
»Das ist aber das ewige Leben, daß sie dich, der du allein wahrer Gott bist, und den du gesandt hast, Jesum Christum erkennen.«
Jesus Christus!

Jesus Christus!

Ich habe mich von ihm getrennt, ich habe ihn geflohen, mich losgesagt von ihm, ihn gekreuzigt. Möge ich nie von ihm geschieden sein.

Nur auf den Wegen, die das Evangelium lehrt, kann man ihn bewahren.

Vollkommene und liebevolle Entsagung.

usw.

Vollkommene und liebevolle Unterwerfung unter Jesus Christus und meinen geistlichen Führer. Ewige Freude für einen Tag geistiger Übung auf Erden.

Non obliviscar sermones tuos. Amen.

BLAISE PASCAL

In Christus habe ich dir alles gesagt
und offenbart,
und in ihm wirst du mehr finden,
als du erbittest und ersehnst.
Schau auf den Menschgewordenen
und du wirst mehr finden, als du denkst.

JOHANNES VOM KREUZ

In einer dunklen Nacht,
Voller Sehnsucht, in Liebe entflammt,
Oh glückliches Geschehen!,
Entkam ich unerkannt,
Als mein Haus schon stille lag;

Im Dunkel und sicher
Auf der geheimen Leiter verkleidet,
Oh glückliches Geschehen!
Im Dunkel und verdeckt,
Als mein Haus schon stille lag;

In jener glücklichen Nacht,
Im geheimen, als niemand mich sah,
Beobachtete ich alles
Ohne fremdes Licht und Führung,
Nur mit dem, das in meinem Herzen brannte.

Dies leitete mich
Viel sicherer als die Mittagsglut,
Dorthin, wo mich erwartete,
Von dem ich sicher wußte,
Der Ort, wo niemand mich bemerkte.

Oh Nacht, die du führtest!
Oh Nacht, liebenswerter als die Morgenröte!
Oh Nacht, die den Geliebten
Mit der Geliebten vereinte
Und die Geliebte in den Geliebten verwandelte!

An meiner glühenden Brust,
Die ganz allein für IHN bereitet war,
Dort schlief ER ein,
Und ich behütete IHN,
Während die Zedern Kühle spendeten.

Die Luft fibrierte in den Zinnen,
Als ich seine Haare ausbreitete,
Da ER mit seiner ruhigen Hand
Meinen Hals berührte
Und damit alle meine Sinne zur Ruhe brachte.

In Frieden und mich vergessend,
Mein Gesicht über den Geliebten geneigt,
Erlosch alles um mich her,
Und mich verlierend, schwanden
Alle Sorgen unter den Lilien dahin.

JOHANNES VOM KREUZ

Denn das innerliche Gebet ist meiner Ansicht nach nichts anderes als ein Gespräch mit einem Freund, mit dem wir oft und gern allein zusammenkommen, um mit ihm zu reden, weil wir sicher sind, daß er uns liebt. Und wenn ihr ihn noch nicht liebt – denn um von einer echten Liebe und beständigen Freundschaft sprechen zu können, müssen sich beide Partner auf einer gleichen Stufe treffen: Was den Herrn betrifft, so wissen wir schon, daß er in nichts fehlt, wir aber sind voller Fehler, sinnlich und undankbar – wenn ihr ihn also noch nicht liebt, könnt ihr es aus eurer eigenen Kraft heraus nicht fertigbringen, ihn entsprechend zu lieben, denn er ist so ganz anders als ihr; aber wenn ihr den großen Nutzen seht, der euch aus der Freundschaft mit ihm erwächst, und wenn ihr seht, wie sehr er euch liebt, dann nehmt ihr dieses Leid gern auf euch, daß ihr nämlich mit einem zusammen seid, der so ganz anders ist als ihr.

O unendliche Güte meines Gottes, ich sehe, wer du bist und von welcher Art ich bin. Und wenn ich das so sehe, o Wonne der Engel, dann möchte ich mich ganz in Liebe zu dir auflösen. Wie gewiß ist es doch, daß du den erträgst, der es zuläßt, daß du bei ihm bist! O was für ein guter Freund bist du, mein Herr, wie beschenkst du ihn, wie erträgst du ihn, und wie sehr ersehnst du, daß er sich dir gleichförmig macht, währenddessen du seine Andersartigkeit erträgst!

TERESA VON AVILA

Das Leben ist nicht ein Frommsein, sondern ein Fromm-
werden,
nicht eine Gesundheit, sondern ein Gesundwerden,
nicht ein Sein, sondern ein Werden,
nicht eine Ruhe, sondern eine Übung.
Wir sind's noch nicht, wir werden's aber.
Es ist noch nicht getan oder geschehen,
es ist aber im Gang und im Schwang.
Es ist nicht das Ende, es ist aber der Weg.
Es glüht und glänzt noch nicht alles,
es reinigt sich aber alles.

Wenn es wahr ist, daß ich von neuem geboren werden
muß,
wie Christus sagt, so kann ich nichts dazu tun,
sondern muß leiden und stillehalten,
daß er mich schaffe, der mein Vater und Schöpfer ist.

MARTIN LUTHER

Im göttlichen Abgrund verliert sich der Geist so tief und in
so grundloser Weise, daß er von sich selber nichts weiß. Er
kennt da weder Wort noch Weise, weder Fühlen noch
Schmecken, weder Erkennen noch Lieben; dann ist alles
ein lauterer, unverdeckter, einfacher Gott, ein unaus-
sprechlicher Abgrund.

JOHANNES TAULER

Gott ist ein Gott der Gegenwart. Wie er dich findet, so nimmt und empfängt er dich, nicht als das, was du gewesen, sondern als das, was du jetzt bist.

Kein Bild erschließt uns die Gottheit oder Gottes Wesen. Denn bliebe irgendein Bild in dir oder ein Gleichnis, du würdest niemals eins mit Gott. Darum, damit du mit Gott eins seist, so darf nichts in dir sein, weder Eingebildetes noch Ausgebildetes, das heißt, daß nichts in dir versteckt sei, das nicht aufgedeckt und hinausgeworfen werde.

Wäre ich so bereit und fände Gott so weit Raum in mir, wie in unserem Herrn Jesus Christus, er würde mich ebenso völlig mit seiner Flut erfüllen. Denn der Heilige Geist kann sich nicht enthalten, in all das zu fließen, wo er Raum findet und so weit, wie er Raum findet.

MEISTER ECKEHART

»Herr, du bist die Sonne aller Augen,
du bist die Wonne aller Ohren,
du bist die Stimme aller Worte,
du bist die Kraft alles Frommen,
du bist die Lehre aller Weisheit,
du bist das Leben alles Lebenden,
du bist die Ordnung alles Seienden!«

Da rühmte Gott die liebende Seele wohlgefällig;
dies erfreue ihn von Herzen also:

»Du bist ein Licht vor meinen Augen,
du bist eine Harfe meinen Ohren,
du bist ein Klang meiner Worte,
du bist ein Gedanke meiner Heiligkeit,
du bist ein Ruhm meiner Weisheit,
du bist ein Leben in meiner Lebendigkeit,
du bist eine Verherrlichung in meinem Sein!«

Seele:
»Herr, du bist allzeit krank nach mir,
das hast du wohl bewiesen an dir;
du hast mich geschrieben in dein Buch der Gottheit,
du hast mich gemalt in deine Menschheit,
du hast mich in die heilige Wunde deines Herzens einge-
graben
und in deine Hände und in deine Füße...«

MECHTHILD VON MAGDEBURG

MIT WELCHEM NAMEN SOLL ICH DICH ANRUFEN

Mit welchem Namen soll ich Dich anrufen,
der Du über allen Namen bist?

Du, der »Über-alles«,
welchen Namen soll ich Dir geben?
Welcher Hymnus kann Dein Lob singen?
Welches Wort von Dir sprechen?

Kein Geist kann in Dein Geheimnis eindringen,
kein Verstand Dich verstehen.

Von Dir geht alles Sprechen aus,
aber Du bist über alle Sprache,
von Dir stammt alles Denken,
aber Du bist über alle Gedanken.

Alle Dinge rufen Dich aus,
die stummen und die mit Sprache begabten.
Alle Dinge vereinen sich, Dich zu feiern,
das Unbewußte und das, was bewußt ist.

Du bist das Ende aller Sehnsüchte
und allen schweigenden Strebens.
Du bist das Ende allen Seufzens Deiner Schöpfung.
Alle, die Deine Welt zu deuten wissen,
vereinen sich, Dein Lob zu singen.

Du bist beides; alles und nichts,
nicht ein Teil, auch nicht das Ganze.
Alle Namen werden Dir gegeben
und doch kann keiner Dich fassen.
Wie soll ich Dich also nennen,
Du, der Du über alle Namen bist.

GREGOR VON NYSSA

Wer Gott liebt,
hat keine Religion
außer Gott.

MEVLANA DSCHELÂLEDDIN RUMI

Unsere Mutter im Himmel,
geheiligt ist uns deine Liebe.
Sei uns nahe und erfülle uns
wie du Himmel und Erde erfüllst.
Nähre uns täglich mit dem,
was wir bedürfen.
Umarme uns wenn wir schuldig
geworden sind und lehre uns
auch die zu umarmen,
die uns wehgetan haben.
Wenn wir zu fallen drohen
fange uns auf und zeige uns
die nächsten Schritte.
Denn du bist die Güte,
die Liebe und das Licht –
ohne Ende.
Amen.

HERKUNFT UNBEKANNT

ABWÛN

Vater und Mutter des Kosmos, Urgrund der Liebe,
bereite in uns den Raum des Herzens,
dass wir Dein Licht und Deinen Klang in Frieden erfahren.

Deine Wirklichkeit offenbare sich.

Dein Verlangen eine Himmel und Erde,
dass wir Deine Liebe in uns entdecken.

Gib uns Tag um Tag,
was wir an Brot und Einsicht brauchen.

Löse die Fesseln unserer Fehler,
wie auch wir freigeben,
was uns an die Verwicklung und Schuld der Anderen
bindet.

Bewahre uns vor falschem Begehren
und befreie uns von Irrtum und Bösem.

Denn Dein ist das Reich der Liebe und des Friedens,
die Fülle des Lebens und der Klang des Kosmos,
der alles erneuert
von Weltzeit zu Weltzeit.

Ich bekräftige all dies mit meinem ganzen Sein.

Amên.

AUS DEM ARAMÄISCHEN

Das Kyrie ist der unaufhörliche Bittruf der Kirche. Es ist das auf dieser Erde nie verstummende Pilgerlied der Christen. Ohne den Kyrieruf ist das Leben des Christen nicht zu denken. Denn das Kyrie umfaßt ohne Ausnahme alle Lasten und Leiden dieser Welt und befiehlt sie in Gottes Erbarmen … In der Hinwendung des Kyrie zu Gott dem Vater, dem Sohn und Heiligen Geist als dem Schöpfer, Erlöser und Spender des neuen Lebens wird das Kyrie zum umfassenden Erbarmungsruf der gesamten Schöpfung, der immer wieder neu aus der Tiefe emporsteigt, die gänzliche Verlorenheit dieser Welt bekennt und dabei bereits um die Erlösung weiß. So wird das Kyrie als Bittruf zugleich zum Glaubenslied und auch zum Lobgesang … Mit dem Kyrie eleison beginnen wir den Gottesdienst. Mit dem Kyrie eleison loben wir in den Liedern den geborenen Heiland, den gekreuzigten und auferstandenen Herrn. Mit dem Kyrie eleison feiern wir Weihnachten, Karfreitag, Ostern und Pfingsten. Mit dem Kyrie eleison singen wir uns durch unser Leben und mit dem Kyrie treten wir schließlich vor Gottes Thron. Nur mit dem Kyrie im Herzen und auf den Lippen begleitet uns Gottes Barmherzigkeit.

KARL FERDINAND MÜLLER

. . . .

Siehe da, die Hütte Gottes
bei den Menschen!
Und er wird bei ihnen wohnen,
und sie werden sein Volk sein,
und er selbst, Gott mit ihnen,
wird ihr Gott sein;
und Gott wird abwischen
alle Tränen von ihren Augen,
und der Tod wird nicht mehr sein,
noch Leid noch Geschrei noch Schmerz
wird mehr sein;
denn das Erste ist vergangen.

UNSER LEID – UNSERE HOFFNUNG

ENGEL DES LICHTS

aus den ungeweinten
tränen der augen
spricht
die uralte sehnsucht
dass ein engel
kommt
voller musik
von licht umflossen
um mit dem trost
seiner hände
all die fesseln
zu lösen
auf dieser erde
dass ein engel
kommt
aus dem dunkel
der nacht
und es wird
hell
und die sonne
geht auf
in deinem
gesicht

RICHARD RIESS

VERLUST

Meinen Namen verloren
im Dunkel

Der Tag
ist tot
Ich sammle
die Tränen der Ahnen
schreibe sie
auf die Klagemauer

Den Namen such ich
der mir nicht gehört
dem ich gehöre

Ich suche
den auferstandenen Tag
den verlornen Tempel

ROSE AUSLÄNDER

WIEDERKÄUER

Im übersättigten
Hungerjahrhundert
kaue ich die Legende
Frieden
und werde nicht satt

Kann nicht verdauen
die Kriege sie liegen
mir wie Steine im Magen
Grabsteine

Der Frieden
liegt mir am Herzen
ich kaue
kaue
das wiederholte Wort
und werde nicht
satt

ROSE AUSLÄNDER

MÖWEN

Das Kreischen der Möwen wies den Weg zum Meer;
ein enger Pfad, steil hinunter, da war der Hafen,
aber nichts als Boote, träge Kräne, Eisenwaren. Kein Vogel
flog, lief pickend umher oder wiegte sich auf den Wellen.
Doch, das Geräusch hielt an; die Gewalt der Maschinen
wurde selbst noch übertönt vom Schreien.
Die Kräne hoben leichte, nicht ganz dichte Kisten.
Zwischen den breiten Spalten lebte plötzlich die Ladung:
                                                        Flügel
und Federn. So wurden die Möwen in den Raum gehoben.

JUDITH HERZBERG

O IHR TIERE!

Euer Schicksal dreht sich wie der Sekundenzeiger
mit kleinen Schritten
in der Menschheit unerlösten Stunde.

Und nur der Hahnenschrei,
mondaufgezogen,
weiß vielleicht
eure uralte Zeit!

Wie mit Steinen zugedeckt ist uns
eure reißende Sehnsucht
und wissen nicht was brüllt
im abschiedrauchenden Stall,
wenn das Kalb von der Mutter
gerissen wird.

Was schweigt im Element des Leidens
der Fisch zappelnd zwischen Wasser und Land?

Wieviel kriechender und geflügelter Staub
an unseren Schuhsohlen,
die stehn wie offene Gräber am Abend?

O der kriegszerrissene Leib des Pferdes
an dem fraglos die Fliegen stechen
und die Ackerblume durch die leere Augenhöhle wächst!

Nicht der sterndeutende Bileam
wußte von eurem Geheimnis,
als seine Eselin
den Engel im Auge behielt!

NELLY SACHS

EIN APRILSTORCH

So ist er erschienen,
ohne Trommeln und ohne Musikkapelle,
gelassen, seiner Sache hingegeben,
gelangt er zur Stadt.
Mit dem ersten Blick: die Wahl des Hauses,
mit dem zweiten: der Zweig, der das Nest sein wird,
mit dem dritten: das Nest ...
Die Stadt indes
verharrt auf dem Boden,
weiß nicht, warum er kam,
ahnt nicht, was er macht,
und wird nicht verstehen,
wenn ihn der Aufbruch ruft.

SA'DÎ YÛSUF (IRAK)

VOGEL-BOTSCHAFT

Horch
in den Zweigen
der Weide am Fluß dort
beginnt sie zu tönen:
die Harfe
die wir aufhängten
damals als der Trost so fern war
daß unser Lied ihn nicht mehr erreichte.

Schau
der winzige Vogel
inmitten der Wasser der Trübsal
erweckt er die toten Steine
zum Leben
mit seinem Lied, das er nie vergaß
seit er es zu singen begann
an der Quelle der Freude
wo einst auch entsprang dieser Fluß
der münden wird eines Tages
mit allen Flüssen der Erde,
auch den vergifteten,
im unendlichen
alles heilenden
Meer seiner Liebe.

AGNES KUNZE

NICHT MÜDE WERDEN

Nicht müde werden
sondern dem Wunder
leise
wie einem Vogel
die Hand hinhalten.

HILDE DOMIN

Heute Morgen, als ich wieder zum Dachboden ging, war Peter am Aufräumen. Bald war er fertig, und während ich mich auf meinen Lieblingsplatz auf den Boden setzte, kam er auch. Wir betrachteten den blauen Himmel, den kahlen Kastanienbaum, an dessen Zweigen kleine Tropfen glitzerten, die Möwen und die anderen Vögel, die im Tiefflug wie aus Silber aussahen. Das alles rührte und packte uns beide so, dass wir nicht mehr sprechen konnten. Er stand mit dem Kopf an einen dicken Balken gelehnt, ich saß. Wir atmeten die Luft ein, schauten hinaus und fühlten, dass dies nicht mit Worten unterbrochen werden durfte. Wir schauten sehr lange hinaus, und als er anfangen musste, Holz zu hacken, wusste ich, dass er ein feiner Kerl ist. Er kletterte die Treppe zum Oberboden hinauf, und ich folgte ihm. Während der Viertelstunde, die er Holz hackte, sprachen wir wieder kein Wort. Ich schaute ihm von meinem Stehplatz aus zu, wie er sichtlich sein Bestes tat, gut zu hacken und mir seine Kraft zu zeigen. Aber ich schaute auch aus dem offenen Fenster über ein großes Stück Amsterdam, über alle Dächer, bis an den Horizont, der so hellblau war, dass man ihn kaum mehr sehen konnte.

»Solange es das noch gibt«, dachte ich, »und ich es erleben darf, diesen Sonnenschein, diesen Himmel, an dem keine Wolke ist, so lange kann ich nicht traurig sein.«

Für jeden, der Angst hat, einsam oder unglücklich ist, ist es bestimmt das beste Mittel, hinauszugehen, irgendwohin, wo er ganz allein ist, allein mit dem Himmel, der Natur und Gott. Dann erst, nur dann, fühlt man, dass alles so ist, wie es sein soll, und dass Gott die Menschen in der einfachen und schönen Natur glücklich sehen will.

Solange es das noch gibt, und das wird es wohl immer, weiß ich, dass es unter allen Umständen auch einen Trost für jeden Kummer gibt. Und ich glaube fest, dass die Natur viel Schlimmes vertreiben kann.

ANNE FRANK

Friede sei den Menschen, die bösen Willens sind; und ein Ende sei gesetzt aller Rache und allem Reden von Strafe und Züchtigung. Aller Maßstäbe spotten die Greueltaten; sie stehen jenseits aller menschlichen Fassungskraft, und der Blutzeugen sind gar viele...

Darum, o Gott, wäge nicht mit der Waage der Gerechtigkeit ihre Leiden, daß du sie ihren Henkern zurechnest und von ihnen grauenvolle Rechenschaft forderst, sondern laß es anders gelten.

Schreibe vielmehr allen schlechten Menschen zugut und rechne ihnen an:

all den Mut der anderen, ihre hochgesinnte Würde, die Hoffnung, die sich nicht besiegt gab, und das tapfere Lächeln, das die Tränen versiegen ließ, all die durchpflügten, gequälten Herzen ..., all das, mein Gott, soll zählen und nicht das Böse.

– Und für die Erinnerung unserer Feinde sollen wir nicht mehr ihre Opfer sein, nicht mehr ihr Alpdruck und Gespensterschreck, vielmehr ihre Hilfe, daß sie von ihrer Raserei ablassen – und wieder Friede werde auf dieser armen Erde über den Menschen guten Willens – und daß Friede auch über die anderen komme.

EIN JÜDISCHES GEBET AUS DEM KZ

Und nun, mein Herz, komme ich zu Dir. Ich habe Dich nirgends aufgezählt, weil Du, mein Herz, an einer ganz anderen Stelle stehst als alle die anderen. Du bist nämlich nicht ein Mittel Gottes, um mich zu dem zu machen, der ich bin, Du bist vielmehr ich selbst. Du bist mein 13. Kapitel des ersten Korintherbriefes. Ohne dieses Kapitel ist kein Mensch ein Mensch. Ohne Dich hätte ich mir Liebe schenken lassen, ich habe sie z. B. von Mami angenommen, dankbar, glücklich, dankbar wie man ist für die Sonne, die einen wärmt. Aber ohne Dich, mein Herz, hätte ich »der Liebe nicht«. Ich sage gar nicht, daß ich Dich liebe; das ist gar nicht richtig. Du bist vielmehr jener Teil von mir, der mir alleine eben fehlen würde. Es ist gut, daß mir das fehlt; denn hätte ich das, so wie Du es hast, diese größte aller Gaben, so hätte ich dem Leiden, das ich ja sehen mußte, nicht so zuschauen können und vieles andere. Nur wir zusammen sind ein Mensch. Wir sind, was ich vor einigen Tagen symbolisch schrieb, ein Schöpfungsgedanke. Das ist wahr, buchstäblich wahr. Darum, mein Herz, bin ich auch gewiß, daß Du mich auf dieser Erde nicht verlieren wirst, keinen Augenblick. Und diese Tatsache, die haben wir schließlich auch noch durch unser gemeinsames Abendmahl, das nun mein letztes war, symbolisieren dürfen.

Ich habe ein wenig geweint, eben, nicht traurig, nicht wehmütig, nicht weil ich zurück möchte, nein, sondern vor Dankbarkeit und Erschütterung über diese Dokumentation Gottes. Uns ist es nicht gegeben, ihn von Angesicht zu Angesicht zu sehen, aber wir müssen sehr erschüttert sein, wenn wir plötzlich erkennen, daß er ein ganzes Leben hindurch am Tage als Wolke und bei Nacht als Feuersäule vor uns hergezogen ist, und daß er uns erlaubt, das plötzlich in einem Augenblick zu sehen. Nun kann nichts mehr geschehen …

HELMUT JAMES GRAF VON MOLTKE

Versprich mir eins –
Ich weiß, es kommen Stunden,
Die werden dunkler sein als alles, was geschah…
Ich weiß, was ich an Trost und Kraft gefunden,
Dann wird es sein, als wär' es niemals da …

Durch tiefe Nacht
Werd' ich dann zu Dir gehen
Auf müden Sohlen und in aller Not.
Ich werde lang in Deiner Nähe stehen
Und furchtlos harren auf den stummen Tod.

Versprich mir eins –
Du wirst ein Zeichen geben,
Das mir das Tor der düstren Nacht erschließt;
Du wirst die reine Schale Deiner Hände heben,
Daraus das Licht von Deiner Seele fließt!

Du wirst mich segnen,
Wenn ich dann mich wende
Und schmerzlich lang ein süßes letztes Mal
Die Stirne drück' in Deine lieben Hände –
Versprich es bald –
Denn über mir wird schon der Morgen fahl.

ERNST MUNZINGER

FREIES GELEIT

Da wird ein Ufer
zurückbleiben.
Oder das End eines
Feldwegs.

Noch über letzte Lichter hinaus
wird es gehen.

Aufhalten darf uns
niemand und nichts!

Da wird sein
unser Mund
voll Lachens –

Die Seele
reiseklar –

Das All
nur eine schmale Tür,
angelweit offen –

HEINZ PIONTEK

OFFEN FÜR ALLES

Heute,
am ersten Tag
meines restlichen Lebens,
erschreck' ich:
Was heckt wohl der Tod
still für mich aus?

»Laß uns bedenken, daß wir sterben müssen«,
heißt's in der Bibel.
Daran freilich erinnern die Flucht der Zeit,
der Altersabbau, die Depressionen
mich ohnehin schon.

Warum, barmherziger Gott,
füllst Du meine Gedanken und Sinne
nicht Tag für Tag
mit leuchtender Gegenwart?

Nichts anderes aber erbitt' ich von Dir!
Und danach: nichts als Du.
Und danach: Du, mein Nichts,
offen für alles.

KURT MARTI

DER EINSTIEG, DER AUSSTIEG

Gott, der Du einstiegst
in die Miseren der Welt,
der Du ausstiegst
aus dem Zirkel
von Verblendung, Gewalt und Zerstörung:
erleuchte uns,
bevor wir zerstrahlt sind!
Erbarme Dich,
damit die Erde und wir und die nach uns
nicht unwiderruflich
eigener Gier und Erbarmungslosigkeit
zum Opfer fallen.

Unbeirrbarer,
stecke uns an
mit Deiner Leidenschaft
für das Leben.

KURT MARTI

das könnte manchen herren so passen
wenn mit dem tode alles beglichen
die herrschaft der herren
die knechtschaft der knechte
bestätigt wäre für immer

das könnte manchen herren so passen
wenn sie in ewigkeit
herren blieben im teuren privatgrab
und ihre knechte
knechte in billigen reihengräbern

aber es kommt eine auferstehung
die anders ganz anders wird als wir dachten
es kommt eine auferstehung die ist
der aufstand gottes gegen die herren
und gegen den herrn aller herren: den tod

KURT MARTI

GLORIA

gepriesen ja *gepriesen sei das Licht* das in
Menschengesichter einströmende Licht das Licht das
aus den sich öffnenden Augen zurückfließt

gepriesen seien die Engel die Er in euch entfacht
in deren Silber euer Entzücken hell aufweht und
euere Sternbilder gestochen werden

gepriesen sei wer sich über euch beugt und sein Herz
um euch spannt damit ihr euch fallenlassen könnt
nachts und in der Stunde eueres Todes

gepriesen – Guillermo Teresa Benjamin – sei die Erde
die weitergebiert seien Wasser und Luft die euch
spiegeln sei in eueren Augen und Lenden das Feuer

und gepriesen sei das Wort vom Licht der Welt in
Schmerzen und besinnungslos vor Hoffnung das Wort
gepriesen sei das Wort macht hell …

RICHARD EXNER

Gib mir die gabe der tränen gott
gib mir die gabe der sprache

Führ mich aus dem lügenhaus
wasch meine erziehung ab
befreie mich von meiner mutter tochter
nimm meinen schutzwall ein
schleif meine intelligente burg

Gib mir die gabe der tränen gott
gib mir die gabe der sprache

Reinige mich vom verschweigen
gib mir die wörter den neben mir zu erreichen
erinnere mich an die tränen der kleinen studentin in
göttingen
wie kann ich reden wenn ich vergessen habe wie man
weint
mach mich naß
versteck mich nicht mehr

Gib mir die gabe der tränen gott
gib mir die gabe der sprache

Zerschlage den hochmut mach mich einfach
laß mich wasser sein das man trinken kann
wie kann ich reden wenn meine tränen nur für mich sind
nimm mir das private eigentum und den wunsch danach
gib und ich lerne geben

Gib mir die gabe der tränen gott
gib mir die gabe der sprache
gib mir das wasser des lebens

DOROTHEE SÖLLE

KRANK AN DER KIRCHE

ich fahr mit dem fahrrad durchs polderland
in deiner stille

schreibt mir ein pfarrer aus holland

Werden die kinder auch radfahren
und gebete schreiben
aus deiner stille

Hinter vielen pfarrern seh ich den tod warten
tod einer kirche
an der sie kranken

Manche hör ich beten
um deine stille
von der wir leben
ohne andere heimat

DOROTHEE SÖLLE

EIN WORT

Wenn wir alle ein WORT hätten,
ein genaues WORT, nur ein einziges,
ein WORT in Annahme und Gehorsam
ein Lichterstrahl für den einzigen Namen
jeglichen Dinges
– Erde, Frieden, Freiheit,
heute, morgen, Zukunft, Krieg, Angst –
und wenn wir es alle aussprechen könnten
im selben Sinn, am Ufer eines Flusses,
dann ist es wirklich wahr,
daß die erste Wahrheit die unsrige ist
und daß die große Gefahr aufhört.
Wo aber werden wir das WORT der Menschen finden,
die liturgische Vokabel,
einmütig von allen,
wie ein Baum eines stattlichen Waldes,
an einem klarem Tag?
Dieses WORT lebt
und wir müssen es ohne Unterlaß suchen
Tag und Nacht, Hoffnung!

CELSO EMILIO FERREIRO

NACH DEM TOD GOTTES

Danach
zerreiße ich nicht
meine Kleider

Ich rolle mich wieder zusammen
Tödliche Augenblicke
überlebt man am besten
in der Krümmung nach vorn
den Kopf auf den Knien
Mit der Grimasse des Keimlings
wehrlos
ohne Fingernägel und Zähne

Wieder angenabelt
in der zottigen Höhle

Doch auch so zusammengekrümmt
wäre der Wettlauf
mit dem Schmerz
noch nicht gewonnen
Noch nicht gefurcht genug
der ebenbildliche Leib
Noch nicht verhohlen genug
was hatte werden sollen
ich will nicht
daß es noch zuckt
dünnwandig mit durch-
scheinendem Herzen
ich muß weiter zurück
wo nichts mehr frohlockt
künstlich und fein bereitet
worden zu sein

Aber ich glaube
Noch als Stein
würfe ich mich
in den Riß
der mich selber
zerreißt

EVA ZELLER

EINLADUNG

Langsamer und leichter
als alle, im Strom der Eilenden
setzte sie die Füße, die Frau
drehte sich weich in den Schultern
bei jedem Schritt, den Kopf
aufrecht, eine Träumende
schön und ein Beispiel.

Lächelnd sprach sie im Cafe
über ihr Leiden an der Hüfte.
Warum erschrak ich.

Das Unversehrte, der Maßstab
der Schönheit, aber
Heil ist ein anderes Wort
das von allen gesuchte.

HEINZ KATTNER

ENGEL

Es müssen nicht Männer mit Flügeln sein,
die Engel.
Sie gehen leise, sie müssen nicht schrein,
oft sind sie alt und häßlich und klein,
die Engel.

Sie haben kein Schwert, kein weißes Gewand,
die Engel.
Vielleicht ist einer, der gibt dir die Hand,
oder er wohnt neben dir, Wand an Wand,
der Engel.

Dem Hungernden hat er das Brot gebracht,
der Engel.
Dem Kranken hat er das Bett gemacht,
und er hört, wenn du ihn rufst in der Nacht,
der Engel.

Er steht im Weg, und er sagt: Nein,
der Engel,
groß wie ein Pfahl und hart wie ein Stein –
es müssen nicht Männer mit Flügeln sein,
die Engel.

RUDOLF OTTO WIEMER

JENSEITS

I

Wie sie aussehen werden die Engel
Vielleicht wie Krähen?

Wie sie uns drüben empfangen
Wenn
Sie uns empfangen?

Ob es das gibt
Ein Du.
Ob wir eine Stimme bekommen glockenrein.
Es heißt doch, es würde gesungen.
Oder die Hölle ist:
Der Gesang der Sphären
Zu laut.

Ein Kontrollpunkt vielleicht
Mit den Wegweisern der alten Hekate.
Aber wer kann das noch denken
Aus-denken
Verdammt.

Auf keinen Fall werden dort sein
Ausschließlich Bischöfe
Den Krummstab in der Hand
Polonäse
Durch die Abstellräume des Himmels.

Vielleicht hat jeder
Seine eigene Seligkeit
Eine alte von diesseits
Wir sprechen's nicht aus.

Vielleicht auch umarmen sich Knochengerüste
Röntgenhände spielen mit Röntgenhänden
(Man sieht noch die Ringe).
Wo blüht das Fleisch und seine Auferstehung
Wo blüht das auferstandene Fleisch?

Von Geisterschlacht hörte ich reden
Und Flug der Seelen rundum
Unaufhörlich rundum.

Ich frage mich
Was heißt Ihm Sommerabend.
Seine Gedanken sind nicht unsere Gedanken.
Blind blindlings Blindekuh
Und Kopf im Sack.

III

Weiter gefragt
Weil Fragen nichts kostet
Nach Deinen da oben
Du unten
Gültigen Losungsworten
Nach Deinen Feuerzeichen Totenspielen
Nach Deinen auf den Mauern wehenden Sträuchern
Fremdgoldenes Zion
Nach Deinen fegfeurigen Wartehallen
Vertrautes Staubland

335

Nach dem der am Hafen steht
Wenn wir kommen wächsern im Einbaum
Leichenstarrer Geleitzug
Unter der Zunge fromme Münze
In die Hände gefaltet
Das wir nicht heilig hielten
Das
Weiter gefragt
Weil fragen nichts kostet
Kostet doch
Kostet viel.

IV

Ich versuche bemühe mich
Um Nichthaus und Nichtland
Um Nichtwort und Nichtwind
Absterben langsam
Der Ranke Erinnerung
Die noch suchte und klopfte
Verdorrt auf den Lippen
Das Fädchen Blut

Sollten wir doch gerichtet werden
Hinaufgerissen
Hinabgestoßen
Sollten da doch die Fürbitter stehen
Großmäulig
Unsere toten Geliebten

Ausgeregnet die Flamme
Der Siebenkranz nicht mehr zitternd
Tasten nach einer da ist keine Wand
Hinlegen die Glieder da ist nicht worauf
Da ist keine Sitzordnung
Niemand wird ausgespieen
Niemand zur Rechten

Eintöniger Fall über Fall
Vergessene Wiederkehr
Zuversicht letzte,
Aus uns wird das Schweigen gemacht.
Bedenket die Gnade:
Das Schweigen.

MARIE-LUISE KASCHNITZ

GEDULD

Geduld. Gelassenheit. O wem gelänge
Es still in sich in dieser Zeit zu ruhn,
Und wer vermöchte die Zusammenhänge
Mit allem Grauen von sich abzutun?

Zwar blüht das Land. Die reichen Zweige wehen,
Doch Blut und Tränen tränken rings die Erde
Und in der Tage stillem Kommen, Gehen
Verfällt das Herz der tiefsten Ungebärde.

Und ist des Leidens satt und will ein Ende
Und schreit für Tausende nach einer Frist,
Nach einem Zeichen, daß das Kreuz sich wende.

Und weiß doch nicht, mit welchem Maß der Bogen
Des Unheils über diese Welt gezogen
Und welches Schicksal ihm bereitet ist.

MARIE-LUISE KASCHNITZ

Die Sprache, die einmal ausschwang, Dich zu loben,
Zieht sich zusammen, singt nicht mehr
In unserem Essigmund. Es ist schon viel,
Wenn wir die Dinge in Gewahrsam nehmen,
Einsperren in Kästen aus Glas wie Pfauenaugen
Und sie betrachten am Feiertag.
Irgendwo anders hinter sieben Siegeln
Stehen Deine Psalmen neuerdings aufgeschrieben.
Landschaft aus Logarithmen, Wälder voll Unbekannter.
Wurzel der Schöpfung. Gleichung Jüngster Tag.

Zwischen Liebe und Liebe setzt Du das alte Tabu,
Die Furcht vor einer Krankheit ohne Namen,
Deren Erscheinungen sind
Absterben der Glieder,
Atem mit Todesgeruch,
Würgergefühl am Hals.
Ein Ton ist in der Luft Vorüberzug,
Furcht schließt des Sämanns Faust. Der Schoß der Erde
wird winterlich, und in der goldenen Kammer,
O das Alleinsein Brust an Brust.

Mit denen, die Dich auf die alte Weise
Erkennen wollen, gehst Du unsanft um.
Vor Deinen Altären läßt Du ihr Herz veröden,
In Deinen schönen Tälern schlägst Du sie
Mit Blindheit. Denen, die Dich zu loben versuchen,
Spülst Du vor die Füße den aufgetriebenen Leichnam.
Denen, die anheben von Deiner Liebe zu reden,
Kehrst Du das Wort im Mund um, läßt sie heulen
Wie Hunde in der Nacht.

Du willst vielleicht gar nicht, daß von Dir die Rede sei.
Einmal nährtest Du Dich von Fleisch und Blut,
Einmal vom Lobspruch. Einmal vom Gesang
Der Räder. Aber jetzt vom Schweigen.
Unsere blinden Augen sammelst Du ein
Und formst daraus den Mondsee des Vergessens.
Unsere gelähmten Zungen sind Dir lieber
Als die tanzenden Flammen Deines Pfingstwunders,
Sicherer wohnst Du als im Gotteshause
Im Liebesschatten der verzagten Stirn.

MARIE-LUISE KASCHNITZ

INMITTEN DER DORNEN

Warum zwingst Du mich,
Herr,
zu dieser Durchquerung der Wüste?
Ich plage mich
inmitten der Dornen.

Es bedarf nur eines Zeichens
von Dir,
damit sich die Wüste verwandelt,
damit der blonde Sand
und der Horizont
und der große stille Wind
nicht mehr nur
unzusammenhängende Dinge sind,
sondern ein weites Reich bilden,
an dem ich mich begeistere,
und durch das hindurch
ich Dich erkenne.

ANTOINE DE SAINT-EXUPÉRY

STATIONEN AUF DEM WEGE
ZUR FREIHEIT

Zucht

Ziehst du aus, die Freiheit zu suchen, so lerne vor allem
Zucht der Sinne und deiner Seele, daß die Begierden
und deine Glieder dich nicht bald hierhin, bald dorthin
führen.
Keusch sei dein Geist und dein Leib, gänzlich dir selbst
unterworfen
und gehorsam, das Ziel zu suchen, das ihm gesetzt ist.
Niemand erfährt das Geheimnis der Freiheit, es sei denn
durch Zucht.

Tat

Nicht das Beliebige, sondern das Rechte tun und wagen,
nicht im Möglichen schweben, das Wirkliche tapfer
ergreifen,
nicht in der Flucht der Gedanken, allein in der Tat ist die
Freiheit.
Tritt aus ängstlichem Zögern heraus in den Sturm des
Geschehens,
nur von Gottes Gebot und deinem Glauben getragen,
und die Freiheit wird deinen Geist jauchzend empfangen.

Leiden

Wunderbare Verwandlung. Die starken, tätigen Hände
sind dir gebunden. Ohnmächtig, einsam siehst du das Ende
deiner Tat. Doch atmest du auf und legst das Rechte
still und getrost in stärkere Hand und gibst dich zufrieden.
Nur einen Augenblick berührtest du selig die Freiheit,
dann übergabst du sie Gott, damit er sie herrlich vollende.

Tod

Komm nun, höchstes Fest auf dem Wege zur ewigen
Freiheit,
Tod, leg nieder beschwerliche Ketten und Mauern
unseres vergänglichen Leibes und unsrer verblendeten
Seele,
daß wir endlich erblicken, was hier uns zu sehen mißgönnt
ist.
Freiheit, dich suchten wir lange in Zucht und in Tat und in
Leiden.
Sterbend erkennen wir nun im Angesicht Gottes dich
selbst.

DIETRICH BONHOEFFER

FRAGEN EINES LESENDEN ARBEITERS

Wer baute das siebentorige Theben?
In den Büchern stehen die Namen von Königen.
Haben die Könige die Felsbrocken herbeigeschleppt?
Und das mehrmals zerstörte Babylon –
Wer baute es so viele Male auf? In welchen Häusern
Des goldstrahlenden Lima wohnten die Bauleute?
Wohin gingen an dem Abend, wo die Chinesische Mauer
fertig war
Die Maurer? Das große Rom
Ist voll von Triumpfbögen. Wer errichtete sie? Über wen
Triumphierten die Cäsaren? Hatte das vielbesungene
Byzanz
Nur Paläste für seine Bewohner? Selbst in dem sagenhaften
Atlantis
Brüllten in der Nacht, wo das Meer es verschlang
Die Ersaufenden nach ihren Sklaven.

Der junge Alexander eroberte Indien.
Er allein?
Cäsar schlug die Gallier.
Hatte er nicht wenigstens einen Koch bei sich?
Philipp von Spanien weinte, als seine Flotte
Untergegangen war. Weinte sonst niemand?
Friedrich der Zweite siegte im Siebenjährigen Krieg. Wer
Siegte außer ihm?
Jede Seite ein Sieg.
Wer kochte den Siegesschmaus?
Alle zehn Jahre ein großer Mann.
Wer bezahlte die Spesen?

So viele Berichte.
So viele Fragen.

BERTOLT BRECHT

Einer
wird den Ball
aus der Hand der furchtbar
Spielenden nehmen.

Sterne
haben ihr eigenes Feuergesetz
und ihre Fruchtbarkeit
ist das Licht
und Schnitter und Ernteleute
sind nicht von hier.

Weit draußen
sind ihre Speicher gelagert
auch Stroh
hat einen Augenblick Leuchtkraft
bemalt Einsamkeit.

Einer wird kommen
und ihnen das Grün der Frühlingsknospe
an den Gebetmantel nähen
und als Zeichen gesetzt
an die Stirn des Jahrhunderts
die Seidenlocke des Kindes.

Hier ist
Amen zu sagen
diese Krönung der Worte die
ins Verborgene zieht
und
Frieden
du großes Augenlid
das alle Unruhe verschließt
mit deinem himmlischen Wimpernkranz

Du leiseste aller Geburten.

NELLY SACHS

Wie leicht
wird Erde sein
nur eine Wolke Abendliebe
wenn als Musik erlöst
der Stein in Landsflucht zieht

und Felsen die
als Alp gehockt
auf Menschenbrust
Schwermutgewichte
aus den Adern sprengen.

Wie leicht
wird Erde sein
nur eine Wolke Abendliebe
wenn schwarzgeheizte Rache
vom Todesengel magnetisch
angezogen
an seinem Schneerock
kalt und still verendet.

Wie leicht
wird Erde sein
nur eine Wolke Abendliebe
wenn Sternenhaftes schwand
mit einem Rosenkuß
aus Nichts –

NELLY SACHS

TODESFUGE

Schwarze Milch der Frühe wir trinken sie abends
wir trinken sie mittags und morgens wir trinken sie nachts
wir trinken und trinken
wir schaufeln ein Grab in den Lüften da liegt man nicht
eng
Ein Mann wohnt im Haus der spielt mit den Schlangen der
schreibt
der schreibt wenn es dunkelt nach Deutschland dein goldenes Haar Margarete
er schreibt es und tritt vor das Haus und es blitzen die Sterne er pfeift seine Rüden herbei
er pfeift seine Juden hervor läßt schaufeln ein Grab in der
Erde
er befiehlt uns spielt auf nun zum Tanz

Schwarze Milch der Frühe wir trinken dich nachts
wir trinken dich morgens und mittags wir trinken dich
abends
wir trinken und trinken
Ein Mann wohnt im Haus der spielt mit den Schlangen der
schreibt
der schreibt wenn es dunkelt nach Deutschland dein goldenes Haar Margarete
Dein aschenes Haar Sulamith wir schaufeln ein Grab in den
Lüften da liegt man nicht eng

Er ruft stecht tiefer ins Erdreich ihr einen ihr andern singet
und spielt
er greift nach dem Eisen im Gurt er schwingts seine Augen
sind blau
stecht tiefer die Spaten ihr einen ihr andern spielt weiter
zum Tanz auf

Schwarze Milch der Frühe wir trinken dich nachts
wir trinken dich mittags und morgens wir trinken dich
abends
wir trinken und trinken
ein Mann wohnt im Haus dein goldenes Haar Margarete
dein aschenes Haar Sulamith er spielt mit den Schlangen

Er ruft spielt süßer den Tod der Tod ist ein Meister aus
Deutschland
er ruft streicht dunkler die Geigen dann steigt ihr als
Rauch in die Luft
dann habt ihr ein Grab in den Wolken da liegt man nicht
eng

Schwarze Milch der Frühe wir trinken dich nachts
wir trinken dich mittags der Tod ist ein Meister aus
Deutschland
wir trinken dich abends und morgens wir trinken und trinken
der Tod ist ein Meister aus Deutschland sein Auge ist blau
er trifft dich mit bleierner Kugel er trifft dich genau
ein Mann wohnt im Haus dein goldenes Haar Margarete
er hetzt seine Rüden auf uns er schenkt uns ein Grab in der
Luft
er spielt mit den Schlangen und träumet der Tod ist ein
Meister aus Deutschland

dein goldenes Haar Margarete
dein aschenes Haar Sulamith

PAUL CELAN

MANDORLA

In der Mandel – was steht in der Mandel?
Das Nichts.
Es steht das Nichts in der Mandel.
Da steht es und steht.

Im Nichts – wer steht da? Der König.
Da steht der König, der König.
Da steht er und steht.

        Judenlocke, wirst nicht grau

Und dein Aug – wohin steht dein Auge?
Dein Aug steht der Mandel entgegen
Dein Aug, dem Nichts stehts entgegen.
Es steht zum König.
So steht es und steht.

        Menschenlocke, wirst nicht grau.
        Leere Mandel, königsblau.

PAUL CELAN

EIN GEBET IN DER ERSCHÖPFUNG

Mein Gott, ich liebe dich nicht,
ich wünsche es nicht einmal,
ich langweile mich mit Dir.
Vielleicht glaube ich nicht einmal an Dich.

Aber blicke mich an im Vorübergehen.
Wenn Du möchtest, daß ich an Dich glaube,
bring mir den Glauben.
Wenn Du möchtest, daß ich Dich liebe,
bring mir die Liebe mit.
Ich, ich habe sie nicht,
und ich kann nichts dafür.

Ich gebe dir, was ich habe:
meine Schwäche, meinen Schmerz.
Und diese Zärtlichkeit, die mich quält,
und die Du so gut siehst …
Mein Leid, nichts als mein Leid. Das ist alles!
Und meine Hoffnung!

MARIE NOËL

Er, der Unbekannte,
hatte mir eine Falle gestellt.
Er hatte mich lange erwartet,
still, in der Stunde meiner größten Müdigkeit,
um mich in den Schrecken meines Selbst
zu stoßen
und mich ohne Verteidigung
den verbündeten Dämonen meines Leibes
und meiner Seele auszuliefern …
Das wurde eine große Schlacht:
die Stunde der Macht der Finsternis –
Monate der Hölle, Monate aller Qualen,
Monate aller Tode.
Zerstörung des Körpers, Zerstörung der Seele
und allein überlebend,
allein menschlich der verzweifelte Schrei
des Herzens …
Aber alles geschah in der Stille,
in der Folterkammer,
dem dumpfesten und stummsten Verlies
der Seelenburg.
Droben in den bewohnten Sälen hörte
niemand etwas.

MARIE NOËL

Allein den Betern kann es noch gelingen,
Das Schwert ob unsern Häuptern aufzuhalten
Und diese Welt den richtenden Gewalten
Durch ein geheiligt Leben abzuringen.

Denn Täter werden nie den Himmel zwingen;
Was sie vereinen wird sich wieder spalten,
Was sie erneuern über Nacht veralten,
Und was sie stiften Not und Unheil bringen.

Jetzt ist die Zeit, da sich das Heil verbirgt
Und Menschenhochmut auf dem Markte feiert,
Indes im Dom die Beter sich verhüllen,

Bis Gott aus unsern Opfern Segen wirkt
Und in den Tiefen, die kein Aug entschleiert,
Die trockenen Brunnen sich mit Leben füllen.

REINHOLD SCHNEIDER

Du kennst das Geheimnis der versiegenden Quellen,
Gott, du kennst das Geheimnis!
Du weißt, warum ein blühendes Land verdorrt,
Du weißt, warum uralt-heilige Tore sich schließen,
Du kennst das dunkle Gesetz des fallenden Sterns,
Und wenn der Ruhm eines ganzen Jahrhunderts erlischt
Wie eines einzigen Tages
Vorübervolles Erglänzen,
Wenn eines Jahrtausends Stimme plötzlich verstummt,
als wärs eines kleinen Vogels abendliches Gezwitscher –
Du kennst das Geheimnis, Gott,
Du kennst das Geheimnis
Unsrer versiegenden Quellen.

GERTRUD VON LE FORT

Ja zu Gott: ja zum Schicksal und ja zu dir selbst. Wenn das
Wirklichkeit wird, dann mag die Seele verwundet werden,
aber sie hat die Kraft zu genesen.

DAG HAMMARSKJÖLD

STUFEN

Wie jede Blüte welkt und jede Jugend
dem Alter weicht, blüht jede Lebensstufe,
blüht jede Weisheit auch und jede Tugend
zu ihrer Zeit und darf nicht ewig dauern.
Es muß das Herz bei jedem Lebensrufe
bereit zum Abschied sein und Neubeginne,
um sich in Tapferkeit und ohne Trauern
in andre, neue Bindungen zu geben.
Und jedem Anfang wohnt ein Zauber inne,
der uns beschützt und der uns hilft zu leben.

Wir sollen heiter Raum um Raum durchschreiten,
an keinem wie an einer Heimat hängen,
der Weltgeist will nicht fesseln uns und engen,
er will uns Stuf' um Stufe heben, weiten.
Kaum sind wir heimisch einem Lebenskreise
und traulich eingewohnt, so droht Erschlaffen,
nur wer bereit zu Aufbruch ist und Reise,
mag lähmender Gewöhnung sich entraffen.

Es wird vielleicht auch noch die Todesstunde
uns neuen Räumen jung entgegensenden;
des Lebens Ruf an uns wird niemals enden …
Wohlan denn, Herz, nimm Abschied und gesunde!

HERMANN HESSE

»…und ich möchte Sie, so gut ich es kann, bitten, Geduld zu haben gegen alles Ungelöste in Ihrem Herzen und zu versuchen, die Fragen selbst liebzuhaben wie verschlossene Stuben und wie Bücher, die in einer sehr fremden Sprache geschrieben sind. Forschen Sie jetzt nicht nach den Antworten, die Ihnen nicht gegeben werden können, weil Sie sie nicht leben könnten. Und es handelt sich darum, alles zu leben. Leben Sie jetzt die Fragen. Vielleicht leben Sie dann allmählich, ohne es zu merken, eines fernen Tages in die Antwort hinein.«

RAINER MARIA RILKE

Ich hatte es nie so ganz erfahren,
jenes alte feste Schicksalswort,
daß eine neue Seligkeit dem Herzen aufgeht,
wenn es aushält
und die Mitternacht des Grams durchduldet,
und daß, wie Nachtigallengesang im Dunkeln,
göttlich erst im tiefen Leid
das Lebenslied der Welt uns tönt.

FRIEDRICH HÖLDERLIN

Wenn Dein Bogen zerbrochen ist
und du hast keine Pfeile mehr,
dann schieß!
Schieß mit deinem ganzen Sein.

AUS DEM ZEN

RABBI ISRAEL BAAL SCHEM-TOW

Eines Tages versuchte der große Rabbi Israel Baal Schem-Tow, berühmt für seine Macht über Himmel und Erde, wieder einmal, den Schöpfer zu zwingen.

Brennend vor Ungeduld, hatte er schon zu wiederholten Malen versucht, den Prüfungen des Exils ein Ende zu machen; diesmal würde es ihm gelingen: Durch die halb geöffnete Tür sollte der Messias eintreten und die Kinder und Greise trösten, die Ihn erwarteten, nur Ihn erwarteten. Das Exil hatte schon allzu lange gedauert, die Menschen sollten nun endlich frohlocken können.

Entrüstet lief Satan zu Gott und protestierte, sich auf die unabänderlichen Gesetze der Geschichte, der Vernunft und vor allem der Gerechtigkeit berufend. Was mischt der Mensch sich ein? Verdient denn die Welt schon die Erlösung? Der Messias darf doch erst kommen, wenn bestimmte Bedingungen erfüllt sind – sind sie erfüllt?

Und Gott – der doch gleichfalls Gerechtigkeit will – mußte anerkennen, daß diese Argumente wohl begründet waren: *Lo ikschar dara,* die Menschheit war noch nicht reif, den Erlöser zu empfangen. Und weil er gewagt hatte, die Ordnung der Schöpfung umzustoßen, wurde Israel Baal-Schem-Tow bestraft: Er wurde auf eine ferne, unbekannte Insel verschlagen, als Gefangener von Räubern und Dämonen. Ihm zur Seite stand nur sein treuer Gefährte und Schreiber, Reb Zwi-Hersch Soifer. Noch nie hatte dieser seinen Meister so niedergeschlagen, so bedrückt gesehen.

»Rabbi, tut etwas, sagt etwas!«

»Ich kann nicht. Man gehorcht mir nicht mehr.«

»Aber Euer geheimes Wissen. Eure göttlichen Gaben? Was ist damit, Rabbi?«

»Vergessen«, sagte der Meister. »Verschwunden, zerronnen.

All mein Wissen wurde mir genommen. Ich erinnere mich an nichts mehr.«

Er sah, wie sein Gefährte in Verzweiflung versank, und dieser herzzerreißende Anblick spornte ihn zur Tat an.

»Nur Mut«, sagte er. »Noch ist nicht alles verloren. Du bist hier, das ist gut. Du kannst uns retten. Du brauchst nur zu wiederholen, was ich dich gelehrt habe. Ein Gleichnis, ein Gebet. Ein kleiner Brocken meiner Lehre wird genügen.«

Unglücklicherweise hatte auch Reb Zwi-Hersch alles vergessen: gleich seinem Meister hatte er sein Gedächtnis verloren.

»Du erinnerst dich an nichts?« schrie der Baal-Schem. »Wahrhaftig an nichts?«

»Nichts, Rabbi, außer …«

»… außer was?«

»Das Aleph-Beth.«

»Also, worauf wartest du noch? Fang an! Schnell!«

Gehorsam wie immer, begann Reb Zwi-Hersch Soifer langsam, schmerzlich, die ersten geheiligten Buchstaben herzusagen, die alle Mysterien des Alls enthalten:

»Aleph, Beth, Gimmel, Daleth …«

Dann fingen sie beide noch einmal von vorne an. Und der Baal-Schem sprach das Alphabeth mit solchem Feuer, daß er schließlich in Ekstase verfiel. Und wenn der Baal-Schem in Ekstase war, konnte ihm nichts widerstehen, das ist ja bekannt. Ohne sich dessen überhaupt bewußt zu werden, gelang es ihm, Aufenthaltsort und Umgebung zu wechseln; er zerriß die Ketten, löste den Bann: Meister und Schreiber fanden sich zu Hause wieder, sicher und geborgen, reicher und von noch größerer Sehnsucht verzehrt als zuvor.

Der Messias war nicht gekommen.

ELIE WIESEL

Gewöhnlich spricht man mit einem gewissen salbungsvollen Pathos über die Hoffnung des ewigen Lebens, und fern sei mir, so etwas zu tadeln, wenn es ehrlich gemeint ist. Aber mich selber überkommt es seltsam, wenn ich so reden höre. Mir will scheinen, daß die Vorstellungsschemen, mit denen man sich das ewige Leben zu verdeutlichen sucht, meist wenig zur radikalen Zäsur passen, die doch mit dem Tode gegeben ist. Man denkt sich das ewige Leben, das man schon seltsam als »jenseitig« und »nach« dem Tod weitergehend bezeichnet, zu sehr ausstaffiert mit Wirklichkeiten, die uns hier vertraut sind, als Weiterleben, als Begegnung mit denen, die uns hier nahe waren, als Freude und Friede, als Gastmahl und Jubel und all das und ähnliches, als nie aufhörend und weitergehend.

Ich fürchte, die radikale Unbegreiflichkeit dessen, was mit ewigem Leben wirklich gemeint ist, wird verharmlost, und was wir unmittelbare Gottesschau in diesem ewigen Leben nennen, wird herabgestuft zu einer erfreulichen Beschäftigung neben den anderen, die dieses Leben erfüllen; die unsagbare Ungeheuerlichkeit, daß die absolute Gottheit selber nackt und bloß in unsere enge Kreatürlichkeit hineinstürzt, wird nicht echt wahrgenommen. Ich gestehe, daß es mir eine quälende, nicht bewältigte Aufgabe des Theologen von heute zu sein scheint, ein besseres Vorstellungsmodell für dieses ewige Leben zu entdecken, das diese Verharmlosungen von vornherein ausschließt. Aber wie? Aber wie? Wenn die Engel des Todes all den nichtigen Müll, den wir unsere Geschichte nennen, aus den Räumen unseres Geistes hinausgeschafft haben (obwohl natürlich die wahre Existenz der getanen Freiheit bleiben wird), wenn alle Sterne unserer Ideale, mit denen wir selber aus eigener Anmaßung den Himmel unserer Existenz drapiert haben, ver-

glüht und erloschen sind, wenn der Tod eine ungeheuer-
lich schweigende Leere errichtet hat und wir diese glau-
bend und hoffend als unser wahres Wesen schweigend angenommen haben, wenn dann unser bisheriges, noch so
langes Leben nur als eine einzige kurze Explosion unserer
Freiheit erscheint, die uns wie in Zeitlupe gedehnt vor-
kam, eine Explosion, in der sich Frage in Antwort, Möglichkeit in Wirklichkeit, Zeit in Ewigkeit, angebotene in
getane Freiheit umsetzte, und wenn sich dann in einem ungeheuren Schrecken eines unsagbaren Jubels zeigt, daß
diese ungeheure schweigende Leere, die wir als Tod empfinden, in Wahrheit erfüllt ist von dem Urgeheimnis, das
wir Gott nennen, von seinem reinen Licht und seiner alles
nehmenden und alles schenkenden Liebe, und wenn uns
dann auch noch aus diesem weiselosen Geheimnis doch
das Antlitz Jesu, des Gebenedeiten, erscheint und uns an-
blickt und diese Konkretheit die göttliche Überbietung
all unserer wahren Annahme der Unbegreiflichkeit des
weiselosen Gottes ist, dann, dann so ungefähr möchte ich
nicht eigentlich beschreiben, was kommt, aber doch stam-
melnd andeuten, wie einer vorläufig das Kommende erwarten kann, indem er den Untergang des Todes selber
schon als den Aufgang dessen erfährt, was kommt. 80 Jahre
sind eine lange Zeit. Für jeden aber ist die Lebenszeit, die
ihm zugemessen ist, der kurze Augenblick, in dem wird,
was sein soll.

KARL RAHNER

Wer glaubt, muß allen Dingen gestorben sein,
dem Guten und dem Bösen,
dem Tod und dem Leben,
der Höll und dem Himmel
und von Herzen bekennen,
daß er aus eigenen Kräften nichts vermag.
Er sieht nichts, sondern ist der finstere Weg.
Er muß von dem gewissen Ufer dieses Lebens
hinüberspringen in den Abgrund,
da kein Fühlen noch Sehen,
noch Fußen noch Stützen ist.

MARTIN LUTHER

Das also will dies Kind (Christus) von uns,
dass es von uns getragen werde.
Es will von uns getragen sein,
damit wir schließlich sagen können:
dies Kind ist mein.
Davon wird dann das Herz weit und stark.
Es ist ja wahrlich wunderbar,
wie solch großer Schatz
sich in dem engen Räumlein eines Herzens
einschließen lässt.
Und das müsste täglich unsere Übung sein,
dass wir in Christus verwandelt werden
und von dieser Nahrung uns nährten.
So würde das Herz
mit aller Freude und Wollust durchgossen
und würde mutig wider alle Anfechtung:
Wer wollte auch dem etwas tun,
der mit Christus
im Glauben ein Ding geworden ist?

MARTIN LUTHER

O Gott, unser Tanz,
in dem wir leben und uns bewegen und sind.
Lenke unsere Stärke
und hilf unserer Schwachheit auf,
so daß wir mit Kraft
in die Bewegung Deiner ganzen Schöpfung eintreten,
durch unseren Gefährten Jesus Christus,   Amen.

Möge die heilige Weisheit,
der Menschheit zugetan,
treu, beständig und frei,
der Atem der Kraft Gottes,
möge Sie, die alles neu macht, in jedem Zeitalter,
in unserer Seele Raum finden
und uns zu Freunden Gottes machen,
durch Jesus Christus,   Amen.

JANET MORLEY

QUELLENANGABEN

Seite *Quelle*

17   Gerd Heinz-Mohr
      aus: Meditation – Versuche, Wege, Erfahrungen, Hg. G. Ruhbach. Verlag
      Vandenhoeck & Ruprecht, Göttingen 1975, S. 111.

17   Romano Guardini: Quelle unbekannt

17   Kurt Marti
      aus: Deutsches Allgemeines Sonntagsblatt, Nov. 1984. Radius Verlag,
      Olgastr. 114, 70180 Stuttgart.

18   Jörg Zink
      aus: Jörg Zink, Wie wir beten können. © Kreuz Verlag, Stuttgart 1991,
      S. 191.

20   Jörg Zink aus: a.a.O., S. 19.

21   Dag Hammarskjöld
      aus: Dag Hammarskjöld, Zeichen am Weg. Deutsche Ausgabe Droemer
      Knaur Verlag, München 1965, S. 38.

21   Theologe aus Schottland
      aus: Drutmar Cremer, Hg., Sing mir das Lied meiner Erde, Echter-Ver-
      lag, Würzburg 1978, S. 73ff. © Drutmar Cremer

24   *Taizé* 12.10.1977.

26   Ulrich Schaffer
      aus: Ulrich Schaffer, In der Stille stehen. © Verlag Ernst Kaufmann,
      Lahr.

27   Dorothee Sölle
      aus: Dorothee Sölle, Die revolutionäre Geduld. Wolfgang Fietkau
      Verlag, Berlin 1974

29   Rudolf Bohren
      aus: Rudolf Bohren, Texte zum Weiterbeten, Neuausgabe Herder
      1988, S. 29.

30   nach Psalm 139
      Alter Segensspruch, mündl. überl.

31   Klemens Tilmann
      aus: Klemens Tilmann, Leben aus der Tiefe, Benziger Verlag, Zürich 1975, S. 17.

32 Dag Hammarskjöld
    aus: Dag Hammarskjöld, a.a.O., S. 68.

32 Dag Hammarskjöld aus: a.a.O., S. 70.

32 Dietrich Bonhoeffer: Quelle unbekannt.

33 aus Grönland
    aus: die Gabe des Adlers, Eskimoische Märchen, Frankfurt a.M.

34 © Heinz Kattner

35 © Heinz Kattner

36 Paul Celan
    aus: Paul Celan, Gedichte II, © Suhrkamp Verlag, Frankfurt a. M. 1985,
    S. 328.

37 Abraham J. Heschel
    aus: Abraham J. Heschel, Der Schabbat, Seine Bedeutung für den
    heutigen Menschen, Jüdische Verlagsanstalt, Berlin 1990.

37 Martin Buber
    aus: Der Weg des Menschen nach der chassidischen Lehre, Verlag Lam-
    bert Schneider, 12. Aufl. 1996, S. 19. © Gütersloher Verlagshaus GmbH,
    Gütersloh.

38 Werner Bergengruen
    aus: Werner Bergengruen, Die heile Welt, Zürich, 1950, vergriffen. Abdruck
    mit Genehmigung des Werner-Bergengruen-Archivs, Dr. Luise Hackelsberger.

39 Carlo Carretto
    aus: Carlo Carretto, Denn du bist mein Vater. © Verlag Herder,
    Freiburg, 16. Gesamtauflage 2003.

44 Metropolit Anthony
    aus: Metropolit Anthony, Lebendiges Beten. © Verlag Herder,
    Freiburg, 1976.

45 Rainer Maria Rilke
    aus: Rainer Maria Rilke, Die Gedichte. Insel Verlag, Frankfurt a.M.,
    3. Aufl. 1987, S. 1021.

45 Rainer Maria Rilke
    aus: Rainer Maria Rilke, Das Stundenbuch, Vom mönchischen Leben.
    Insel Verlag, Frankfurt a. M., S. 12.

46 Newman, Paul: Quelle unbekannt.

47   Sören Kierkegaard
      aus: Sören Kierkegaard, Vier erbauende Reden 1844, Gegen die Feigheit.

47   Sören Kierkegaard: Quelle unbekannt.

48   Sören Kierkegaard
      aus: Sören Kierkegaard, Erbauliche Reden 1850/51 – Zur Selbstprüfung
      der Gegenwart anbefohlen – Urteilt selbst. (Gesammelte Werke 27.–29. Abt.)
      übers. v. Emanuel Hirsch, Eugen Diederichs Verlag, Düsseldorf/Köln 1953
      u.ö. S. 84f. © Dr. Hans Hirsch, Aachen.

49   Sören Kierkegaard
      aus: Sören Kierkegaard, Kleine Schriften 1848/49 (Gesammelte Werke
      21.–23. Abt.), übers. v. Emanuel Hirsch, Eugen Diederichs Verlag, Düs-
      seldorf/Köln 1960 u.ö., S. 3f. © Dr. Hans Hirsch, Aachen.

50   Johannes vom Kreuz
      aus: Johannes vom Kreuz, Die Lebendige Flamme, Johannes Verlag, Ein-
      siedeln und Trier, 4. Aufl. 1993, S. 103.

51   Johannes vom Kreuz
      aus: Johannes vom Kreuz, Die Gedichte VIII.

53   Angelus Silesius
      aus: Angelus Silesius, Der Cherubinische Wandersmann.

54   Angelus Silesius a.a.O.

55   Jacob Böhme
      aus: Jacob Böhme, Christosophia. Aurum Verlag, Braunschweig 1976,
      S. 146.

56   Martin Luther
      aus: Martin Luther, WA 55 II 1, S. 11, 26.

56   Martin Luther
      aus: Martin Luther, Das Magnificat verdeutscht und ausgelegt. WA 7,
      S. 546.

57   Martin Luther
      aus: Martin Luther, Eine einfältige Weise zu beten, für einen guten
      Freund. WA 38, S. 358–375.

59   Teresa von Avila: Quelle unbekannt.

59   Franz von Sales: Quelle unbekannt.

60   Nikolaus von Flüe: mündlich überliefert.

61   Nikolaus von Kues
      aus: ders., Die belehrte Unwissenheit. © Felix Meiner Verlag, Hamburg,
      Philosophische Bibliothek 264 a-c.

61   Meister Eckehart
      aus: Meister Eckehart, Deutsche Predigten und Traktate, Herausgegeben
      und übersetzt von Josef Quint, © 1977 Carl Hanser Verlag, München –
      Wien

61   Meister Eckehart aus: a.a.O.

62   Meister Eckehart aus: a.a.O., S. 419.

62   Meister Eckehart aus: a.a.O., S. 213.

62   Meister Eckehart aus: a.a.O., S. 82.

62   Meister Eckehart aus: a.a.O., S. 54.

63   Meister Eckehart aus: a.a.O., S. 326f.

63   Meister Eckehart aus: a.a.O., S. 323.

63   Meister Eckehart aus: a.a.O., S. 410.

63   Meister Eckehart aus: a.a.O., S. 89.

64   Meister Eckehart aus: a.a.O.

64   Meister Eckehart aus: a.a.O., S. 145.

65   Bernhard von Clairvaux: Quelle unbekannt.

65   Bernhard von Clairvaux
      aus: Bernhard von Clairvaux, 1. Hoheliedpredigt, Patrologia Latina 183,
      789 B-C.

66   Mevlana Dschelâleddin Rumi (1207–1273)

66   Aurelius Augustinus
      aus: Augustinus, Bekenntnisse, X, 27 (um 400).

67   Aurelius Augustinus (354–430)

68   Isaak der Syrer (gest. 460)

68   Ein Wüstenvater (4. Jh. n. Chr.)

68   Ein Wüstenvater

69   Thomasevangelium
      aus: Das Thomas-Evangelium übersetzt von E. Haenchen, in: Synopsis
      Quattuor Evangeliorum. 14. Auflage 1995, Appendix 1, © Deutsche Bibel-
      gesellschaft, Stuttgart.

70   Atharva-Veda XI, 4, 1-3.

71   Dschuang Dsi (gest. um 300 v. Chr.)

71   Lao-tse (um 350 v. Chr.)

75   Kurt Marti
      aus: Kurt Marti, geduld und revolte. die Gedichte am rand. © 2002
      by Radius-Verlag, Olgastr. 114, 70180 Stuttgart.

76   Ulrich Schaffer
      aus: Ulrich Schaffer, Überrascht vom Licht. Oncken Verlag, Wuppertal
      und Kassel 1984, S. 27.

77   Martin Gutl
      aus: Martin Gutl u. Andreas Felger, Du bist Abraham. Verlag Styria,
      Graz, Wien , Köln / Präsenz-Verlag, Camberg 1976, S. 28. © Maria Gutl,
      A-8330 Feldbach.

78   Martin Gutl aus: a.a.O.

79   Hans May
      aus: Hans May, Bei Licht besehen. Gütersloher Verlagshaus Gerd Mohn,
      Gütersloh 1965, S. 7. © Hans May

80   © Heinz Kattner

81   Nelson Mandela: Quellen unbekannt.

82   Karl Rahner
      © Verlag Herder, Freiburg.

84   Karl Krolow
      aus: Karl Krolow, Die zweite Zeit, © Suhrkamp, Frankfurt a.M., 1995,
      S. 24.

85   Erich Fried
      aus: Erich Fried, Zeitfragen. Gedichte. © 1986 Carl Hanser Verlag,
      München – Wien.

86   Willy Kramp
      aus: Willy Kramp, Über die Freude – Zwei Betrachtungen, S. 10–12,
      Hamburg 1968. © Bettina Kramp.

88   Otto und Felicitas Betz
      aus: Otto u. Felicitas Betz, Tastende Gebete. Texte zur Ortsbestimmung,
      Verlag I. Pfeiffer, München, 4. Aufl. 1982, S. 51f.

89   Christian Morgenstern: Quelle unbekannt.

90   Kurt Marti

aus: Kurt Marti, Der Traum, geboren zu sein. © 2003 Nagel und Kimche im Carl Hanser Verlag, München – Wien.

91 Madeleine Delbrêl
aus: Anette Schleinzer, Die Liebe ist unsere einzige Aufgabe. Das Lebenszeugnis von Madeleine Delbrêl. © Schwabenverlag, Ostfildern 1994, S. 178.

91 Madeleine Delbrêl
aus: Madeleine Delbrêl, Wir Nachbarn der Kommunisten. Diagones, übers. v. Hans Urs von Balthasar, Einsiedeln 1975.

91 Aurelius Augustinus zugeschrieben, Herkunft unbekannt.

92 Rose Ausländer
aus: dies., Gesammelte Werke, hrsg. von Helmut Braun. © S. Fischer Verlag GmbH, Frankfurt a.M.

93 Rose Ausländer aus: a.a.O.

94 Peter Bichsel
aus: Peter Bichsel, Kindergeschichten. © Suhrkamp Verlag, Frankfurt a. M. 1997, S. 40.

95 Carmen Bernos de Gasztold
aus: dies., Gebete aus der Arche. © Matthias-Grünewald-Verlag, Mainz, 4. Auflage 2000.

96 Hilde Domin
aus: dies., Gesammelte Gedichte. © S. Fischer Verlag GmbH, Frankfurt a.M., 1987.

97 Hilde Domin aus: a.a.O.

98 Christine Busta
aus: Christine Busta, Lampe und Delphin. © Otto Müller Verlag, Salzburg, 1995, 4. Auflage.

99 Paul Celan
aus: ders., Die Niemandsrose. © S. Fischer Verlag GmbH, Frankfurt a.M., 1963.

100 Dag Hammarskjöld aus: Zeichen, a.a.O., S. 54.

100 Dag Hammarskjöld aus: a.a.O., S. 60.

100 Dag Hammarskjöld aus: a.a.O., S. 83.

100 Dag Hammarskjöld aus: a.a.O., S. 84.

101 Karlfried Graf Dürckheim
aus: Karlfried Graf Dürckheim, „Hara. Die Erdmitte des Menschen".
© by Scherz Verlag, Bern.

102 Erich Fromm
aus: Psychoanalyse und Zen-Buddhismus, Bd. 6, Religion, S. 313.
© Suhrkamp Verlag, Frankfurt a.M.

103 Dietrich Bonhoeffer
aus: Dietrich Bonhoeffer, Widerstand und Ergebung. © Chr. Kaiser/
Gütersloher Verlagshaus GmbH, Gütersloh.

104 Jochen Klepper
aus: Jochen Klepper, Unter dem Schatten deiner Flügel. Aus den Tage-
büchern der Jahre 1932–1942. © Deutsche Verlagsanstalt, Stuttgart
1956, S. 59.

105 Rainer Maria Rilke
aus: Rainer Maria Rilke, Die Gedichte. Insel Verlag Frankfurt a.M.,
3. Aufl. 1987, S. 199.

106 Berthold Brecht
aus: Berthold Brecht, Gesammelte Werke Bd. 10, Werkausgabe edition
suhrkamp. © Suhrkamp Verlag, Frankfurt a.M., 1967. S. 1009.

107 Matthias Claudius
aus: Matthias Claudius, Werke, Hg. Urban Roedl. Klett-Cotta Verlag,
Stuttgart 1978, S. 304.

108 Johann Wolfgang von Goethe
aus: Johann Wolfgang von Goethe, Werke. Erster Band, Gedichte. Ver-
sepen, Gedichte ausgew. v. Walter Höllerer. Insel Verlag, Frankfurt
a.M. 1979, S. 75f.

109 Johann Wolfgang von Goethe aus: a.a.O., S. 248.

110 Gerhard Tersteegen
aus: Gerhard Tersteegen, Briefe II.

111 Angelus Silesius aus: a.a.O.

112 Jakob Böhme
aus: Gerhard Wehr, Jakob Böhme – Der Geisterfahrer und Seelenführer.
Aurum Verlag, Braunschweig 1979.

112 Jakob Böhme aus: a.a.O., S. 157.

113 Franz von Sales: Herkunft unbekannt.

114 Martin Luther
     aus: Martin Luther, In psalmos. WA 5, S. 168.

115 Johannes Tauler
     aus: Der Weg der Meister. Ausgew. u. z. T. a. d. Quellen neu über-
     arbeitet von Pater Ermin Döll. © Meditationshaus St. Franziskus, Diet-
     furt, 1984.

116 Franz von Assisi: mündlich überliefert

116 Franz von Assisi
     aus: Die Schriften des heiligen Franziskus von Assisi, Hg. Lothar Har-
     dick OFM und Engelbert Grau OFM, Franziskanische Quellenschriften
     Band 1, © 1984/2001 edition COELDE im Verlag Butzon & Bercker,
     Kevelaer S. 96f.

117 Mevlana Dschelâleddin Rumi: Quelle unbekannt.

118 Mechthild von Magdeburg
     aus: Mechthild von Magdeburg, Das fließende Licht der Gottheit.
     2. neubearb. Übers. mit Einf. u. Kommentar v. Margot Schmidt. Reihe:
     Mystik in Geschichte und Gegenwart, Band I,11, hg. Margot Schmidt u.
     Helmut Riedlinger. © Verlag F. Frommann/G. Holzboog, Stuttgart-
     Bad Canstatt 1995, S. 23.

118 Mechthild von Magdeburg aus: a.a.O. S. 98.

119 Wilhelm von Saint-Thierry.

121 aus dem Zen mündlich überliefert

125 Yushi Nomura
     aus: Yushi Nomura, Vom Anzünden des göttlichen Feuers. © Verlag
     Herder, Freiburg 1983.

125 Hubertus Halbfas
     aus: Hubertus Halbfas, Der Sprung in den Brunnen. Eine Gebetsschule.
     Patmos Verlag, Düsseldorf 1981, S. 146.

126 Hildegard von Bingen
     aus: Hildegard von Bingen, Lieder. © Otto Müller Verlag, Salzburg
     1969.

127 Hymnus 5,/6. Jh.

128 Heinz Kattner

aus: Heinz Kattner, Unauffälliges Zittern. Drei Gedichtszyklen, © zu Klampen Verlag, Lüneburg 2001.

129 Agnes Kunze
aus: Agnes Kunze, Verdschungelter Glaube, hg. v. Bettina Bäumer. © Eigenverlag Verein Arbeitsgruppe 3. Welt Hard, Am Birkengraben 9, A-6971 Hard. 1998, S. 27.

131 Christine Busta
aus: Unterwegs zu älteren Feuern. © Otto Müller Verlag, Salzburg 1995, 3. Auflage.

132 Marie Luise Kaschnitz
aus: Marie Luise Kaschnitz, Überallnie. Ausgewählte Gedichte 1928–1965. © Claassen Verlag, München.

133 Christa Weiß
aus: Christa Weiß, Reden wie mit einem Freund. © Peter Hammer Verlag, Wuppertal 1962.

134 Irischer Reisesegen
aus: Wester, Manfred: Einübung ins Glück – In Irland entdeckt. Anstiftung zum einfachen Leben, Offenbach/M.: Burckhardthaus-Laetare Verl., 1993.

134 mündlich überliefert

135 John Mbiti
aus: Jeder Tag ist Gottes Tag, Hg. Gottfried Hänisch, Evangelische Verlagsanstalt GmbH, Berlin 1964, S. 39.

136 Wilhelm Löhe
aus: Allgemeines Evangelisches Gebetsbuch 1971, S. 669.

137 Dag Hammarskjöld aus: Zeichen, a.a.O., S. 80f.

137 Pablo Neruda
aus: Pablo Neruda, Das lyrische Werk, deutsch v. Monika López u. Fritz Vogelsang, Bd. 3. Pablo Neruda and Heirs of Pablo Neruda, alle deutschen Rechte vorbehalten: Luchterhand Literaturverlag GmbH, München 1986.

138 Agnes Kunze aus: Glaube, a.a.O.

139 Aurelius Augustinus (354–430)

140 Hippolyt, (3.Jh.)

141 Otto und Felicitas Betz
     aus: Otto und Felicitas Betz, Tastende Gebete, a.a.O., S. 33f. © Otto und
     Felicitas Betz.

143 Günter Eich
     aus: Günter Eich, Gesammelte Werke Bd. 1. Gedichte/Maulwürfe.
     © Suhrkamp Verlag, Frankfurt a.M. 1973.

144 Andreas Gryphius: Quelle unbekannt.

149 Eva Zeller
     aus: Eva Zeller, Auf dem Wasser gehn. Ausgewählte Gedichte, © Deut-
     sche Verlagsanstalt, Stuttgart 1979.

150 Ernst Meister
     aus: Ernst Meister, Unterm schwarzen Schafspelz. Dem Spiegel-
     kabinett gegenüber. Gedichte. © Rimbaud Verlag, Aachen 1986,
     S. 30.

152 Angelus Silesius aus: Wandersmann, a.a.O.

152 Angelus Silesius aus: a.a.O.

153 Franz von Assisi: Quelle unbekannt.

154 Meister Eckehart
     aus: Meister Eckehart, Einheit im Sein und Wirken, Sammlung Piper
     523, München 1986, S. 134.

154 Meister Eckehart
     aus: Meister Eckehart, Predigten, 3. Band, S. 565.

155 Georg Oswald Cott
     aus: Georg Oswald Cott, Über zwölf Körperlängen, Pfaffenweiler Pres-
     se 1998. Georg Oswald Cott.

156 Hermann Hesse
     aus: Hermann Hesse, Die Gedichte, Bd. II, © Suhrkamp Verlag, Frank-
     furt a.M. 1977, S. 601.

157 Rudolf Otto Wiemer
     aus: Rudolf Otto Wiemer, Ernstfall. © J.F. Steinkopf Verlag, Stuttgart
     und Hamburg, 3. Aufl. 1989 (gekürzt).

158 Jüngel, Eberhard: Quelle unbekannt.

159 Briefe aus Taizé, 1970

160 Conrad Ferdinand Meyer

aus: C. F. Meyer, Gesammelte Werke, hg. u. eingel. v. Otto Mann. Sigbert Mohn Verlag, Gütersloh o. J., S. 129.

161 Reimar Lenz
aus: Loccumer Silvester Tagung 1978

163 Rainer Maria Rilke
aus: Rainer Maria Rilke, Die Gedichte. Insel Verlag Frankfurt a.M., 3. Aufl. 1987, S. 344

164 Rainer Maria Rilke
aus: a.a.O., S. 346.

165 Friedrich Hebbel: Quelle unbekannt.

166 Dorothee Sölle
aus: Dorothee Sölle, Fliegen lernen – Gedichte. Wolfgang Fietkau Verlag, Berlin 1979, S. 4.

166 aus der *Mongolei*.

167 Karl Krolow
aus: Karl Krolow, Gesammelte Gedichte Bd. 2. © Suhrkamp Verlag, Frankfurt a.M. 1975, S. 171f.

168 Gisela Goedecke
aus: Carl Heinz Kurz, Die Bäume des Wilhelm Bobring. Verlag Graphikum Dr. Heinrich Mock, München 1977, S. 40.

169 Thornton Wilder
aus: ders., Der achte Schöpfungstag. © S. Fischer Verlag GmbH, Frankfurt a.M. 1968.

173 Lothar Zenetti
aus: ders., Auf Seiner Spur. © Matthias-Grünewald-Verlag, Mainz, 2. Auflage 2001.

174 Kurt Marti aus: Der Traum, geboren zu sein. a.a.O.

174 Martin Gutl aus: Abraham, a.a.O.

175 Wilhelm Wilms
aus: Wilhelm Wilms, der geerdete himmel. wiederbelebungsversuche, © 1974 Verlag, Butzon & Bercker, Kevelaer, 7. Aufl. 1986, S.5.

179 Kurt Marti aus: Namenszug, a.a.O., S. 131.

180 Gebet aus Indien.

181 Richard Exner

aus: Richard Exner, Gedichte 1953–1991 © 1994 by Radius-Verlag, Olga-str. 114, 70180 Stuttgart.

182   Rose Ausländer aus: a.a.O.

183   Dag Hammarskjöld aus: Zeichen, a.a.O., S. 20.

183   Jean Gebser
aus: Jean Gebser, Ursprung und Gegenwart. © Deutsche Verlagsanstalt, Stuttgart 1953.

184   Rainer Maria Rilke aus: Gedichte, a.a.O. S. 428.

185   Else Lasker-Schüler
aus: Else Lasker-Schüler, Gesammelte Werke, Band 1: Gedichte. © Suhrkamp Verlag, Frankfurt a.M., 1996.

186   Martin Buber
aus: Martin Buber, Die Erzählungen der Chassidim. S.188 © Manesse Verlag, Zürich 1949.

187   Elie Wiesel
aus: Elie Wiesel, Chassidische Feier. Geschichten und Legenden, © Verlag Herder, Freiburg, 1988, S. 48f.

189   Elie Wiesel aus: Feier, a.a.O., S. 134.

189   Marin Buber aus: Die Erzählungen der Chassidim, a.a.O., S. 188.

190   Franz von Assisi, aus seiner Tradition (19. Jh.).

191   Meister Eckehart aus: Predigten, a.a.O., S. 76.

191   Hildegard von Bingen: Quelle unbekannt.

195   © Heinz Kattner

196   Sogyal Rinpoche
aus: Sogyal Rinpoche, Das Tibetische Buch vom Leben und Sterben. © 1994 by Rigpa Fellowship. Published by arrangement with Marper San Francisco. Deutschsprachige Rechte beim Scherz-Verlag, Bern.

197   Anthony de Mello
aus: ders., Warum der Schäfer jedes Wetter liebt. Weisheitsgeschichten, © Verlag Herder, Freiburg, 18. Auflage 2003.

198   Lothar Zenetti: aus: ders., Auf Seiner Spur. Topos plus 327. © Matthias-Grünewald-Verlag, Mainz, 2. Auflage 2001.

199   Karl Krolow aus: Gesammelte Gedichte, a.a.O. Bd. 1, S. 144f.

200   Rose Ausländer aus: a.a.O.

201   Wolfgang Poeplau © Wolfgang Poeplau.

201   Günter Grass
      aus: Günter Grass, Gedichte und Kurzprosa Werkausgabe in 18
      Bänden, Bd. 1. © Steidl Verlag, Göttingen 1997/2002.

202   Nelly Sachs
      aus: Nelly Sachs, Fahrt ins Staublose, Gedichte. © Suhrkamp Verlag
      Frankfurt a.M. 1988, S. 62.

202   Ernst Meister
      aus: Ernst Meister, Wandloser Raum. Gedichte. © Rimbaud Verlag,
      Aachen 1996. S, 53.

203   Albert Schweitzer: Quelle unbekannt.

204   Marie Noël
      aus: dies., Erfahrungen mit Gott. Topos-Taschenbuch 12. © Matthias-
      Grünewald-Verlag, Mainz, 1973.

205   Kurt Marti
      aus: Kurt Marti, Die gesellige Gottheit. © 1998 by Radius-Verlag, Olga-
      str. 114, 70180 Stuttgart.

206   Ludwig Verbeek
      aus: Karl Otto Conrady, Der neue Conrady. Deutsche Gedichte, Artemis
      und Winkler, Düsseldorf – Zürich.

207   Theodor W. Adorno: Quelle unbekannt.

208   Christian Graf von Krockow: Quelle unbekannt.

209   Martin Buber
      aus: Martin Buber, Die Landschaft. © Gütersloher Verlagshaus GmbH,
      Gütersloh.

210   Silja Walter, Sr. M. Hedwig OSB: Quelle unbekannt.

211   Martin Buber
      aus: Martin Buber, Begegnung. Autobiographische Fragmente, Verlag
      Lambert Schneider, 4. Aufl. 1995, S. 25f. © Gütersloher Verlagshaus
      GmbH, Gütersloh.

212   Martin Buber: Quelle unbekannt.

213   Dorothee Sölle
      aus: Dorothee Sölle, Verrückt nach Licht. Wolfgang Fietkau Verlag,
      Berlin 1984, S. 10f.

215 Rudolf Otto Wiemer aus: Ernstfall, a.a.O., S. 90.

216 Rudolf Otto Wiemer
aus: Rudolf Otto Wiemer, Wortwechsel, Wolfgang Fietkau Verlag,
Berlin 1973, S. 25.

217 Antoine de Saint-Exupéry
aus: Antoine de Saint-Exupéry, Der Kleine Prinz, © 1950 und 1998 Karl
Rauch Verlag Düsseldorf.

218 Antoine de Saint-Exupéry

220 Martin Buber
aus: Martin Buber, Das dialogische Prinzip. Verlag Lambert Schneider,
7. Aufl. 1994. © Gütersloher Verlagshaus GmbH, Gütersloh

222 Dschuang Dsi
aus: Dschuang Dsi, Das wahre Buch vom südlichen Blütenland, aus
d. Chinesischen übertr. u. erl. v. Richard Wilhelm, Eugen Diederichs
Verlag, München. © Heinrich Hugendubel Verlag GmbH, München.

223 Berthold Brecht
aus: Berthold Brecht, Ausgewählte Gedichte. © Suhrkamp Verlag,
Frankfurt a.M. 1967, S. 56f.

223 Paul Celan aus: Gedichte II, a.a.O., S. 385.

224 Walter Helmut Fritz
aus: Walter Helmut Fritz, Schwierige Überfahrt. © 1976 by Hoffmann
und Campe Verlag, Hamburg.

225 Reiner Kunze
aus: ders., Gespräche mit der Amsel. © S. Fischer Verlag GmbH,
Frankfurt a.M., 1984.

225 Dorothee Sölle
aus: Dorothee Sölle, Meditationen und Gebrauchstexte. Wolfgang
Fietkau Verlag, Berlin 1969, S. 34.

226 Hilde Domin aus: a.a.O.

227 Heinz Kattner aus: Unauffälliges Zittern, a.a.O.

228 Irmgard Pacher
aus: Irmgard Pacher, Irgendwann aufbrechen. Echter Verlag, Würzburg.
Ralf Klessen.

229 Dietrich Bonhoeffer

aus: Dietrich Bonhoeffer, Werke Bd. 8. Widerstand und Ergebung. Briefe und Aufzeichnungen aus der Haft. Hg. von Christian Gremmels 1998.
© Chr. Kaiser/Gütersloher Verlagshaus GmbH, Gütersloh.

230 Ingeborg Bachmann
aus: Ingeborg Bachmann, Werke Bd. I, © Piper Verlag GmbH, München
1978.

232 Günter Eich
aus: Günter Eich, Werke Bd. II. © Suhrkamp Verlag, Frankfurt a.M.
1973, S. 321–322.

234 Carlo Carretto
aus: Carlo Carretto, Wo der Dornbusch brennt. © Verlag Herder,
Freiburg, 22. Auflage, 2001.

235 Madeleine Delbrêl aus: Die Liebe ist unsere einzige Aufgabe, a.a.O., S. 140f.

236 Madeleine Delbrêl aus: Die Liebe ist unsere einzige Aufgabe, a.a.O., S. 165f.

237 Mascha Kaléko
aus: Mascha Kaléko, In meinen Träumen läutet es Sturm. © 1997 Deut-
scher Taschenbuch Verlag, München.

237 José Ortega y Gasset: Quelle unbekannt.

238 Rainer Maria Rilke aus: Die Gedichte, a.a.O., S. 918.

239 Rainer Maria Rilke aus: Die Gedichte, a.a.O., S. 880.

240 Conrad Ferdinand Meyer
aus: Der Strom. Deutsche Gedichte. Pädagogischer Verlag Schwann,
Düsseldorf, S. 144.

241 Friedrich Hebbel
aus: Der Strom. Deutsche Gedichte. Pädagogischer Verlag Schwann,
Düsseldorf, S. 82.

242 Martin Buber
aus: Martin Buber, Der Weg des Menschen nach der chassidischen Lehre.
Verlag Lambert Schneider, 12. Aufl. 1996, S. 49f. © Gütersloher Verlagshaus GmbH, Gütersloh.

243 Novalis
aus: Novalis, Werke, hg. und komm. von G. Schulz. C. H. Beck'sche Ver-
lagsbuchhandlung, München.

243 Novalis

aus: Gesammelte Werke, hrsg. V. C. Seelig, 1945, Bd. 1, S. 38ff.

244   Novalis: Herkunft unbekannt

245   Josef von Eichendorff
      aus: Josef von Eichendorff, Werke in einem Band. Herausgegeben
      und übersetzt von Wolfdietrich Rasch, © 1977 München – Wien.

245   Friedrich Hölderlin
      aus: Friedrich Hölderlin, Gesammelte Werke.

246   Johannes vom Kreuz
      aus: Empor den Karmel, 2. Buch, 4. Kap. 3.

247   Angelus Silesius aus: Der Cherubinische Wandersmann.

248   Teresa von Avila nachempfunden. Herkunft unbekannt

249   Teresa von Avila
      aus: Buch der Klostergründungen 5.8; Übersetzung von Erika Lorenz

250   Franz von Assisi (1181/82–1226)

252   Thales von Milet (gest. 546 v. Chr.). Quelle unbekannt.

252   Meister Eckehart aus: Predigten, a.a.O.

252   Aurelius Augustinus (354–430)

253   Sengai (1751–1837)

254   Basho (1644–1694)

254   Prinzessin Shikishi (1152–1201)

255   Meister Hakuin
      aus: Das Buch vom Paradies, © Insel Verlag, Frankfurt a.M., S. 41.

256   Dogen (1200–1253)
      aus: Keiji Nishitani, Was ist Religion? © Insel Verlag, Frankfurt a.M.
      1982, S. 292.

257   Lao-Tse (um 350 v. Chr.)

257   Lao-Tse
      aus: Jenseits des Nennbaren. © Verlag Herder, Freiburg, 7. Gesamt-
      auflage 1990.

258   Dionysius Areopagita: Herkunft unbekannt.

259   Gebet der Sioux: Herkunft unbekannt.

260   aus: gekürzt: Chancen des Alltags, Hg./Autor: Ernst Lange, Burck-
      hardthaus-Laetare Verlag GmbH, Offenbach a.M. 1965.

261   nach Martin Buber. Quelle unbekannt.

265 Ingeborg Wolf
aus: Ingeborg Wolf, Der Weg zum inneren Sein. Logos, Frankfurt 2000.

267 Martin Gutl aus: Abraham a.a.O.

268 Kurt Marti
aus: Kurt Marti: Meergedichte Alpengedichte, Wolfgang Fietkau Verlag.
Berlin 1975.

268 Kurt Marti
aus: Kurt Marti, O Gott. a.a.O.

269 Johannes Thiele aus: Johannes Thiele, Die Erotik Gottes. © Kreuz
Verlag, Stuttgart 1988, S. 39.

270 Gabriela Mistral: Quelle unbekannt

271 Janet Morley
aus: Janet Morley, Preisen will ich Gott, meine Geliebte. © Herder
Verlag, Freiburg, 1. Auflage 1989.

272 Erich Fried
aus: Erich Fried: Es ist was es ist. © 1983, NA 1996 Verlag Klaus
Wagenbach, Berlin.

273 Edith Stein (1891–1942): Quelle unbekannt

274 Khalil Gibran
aus: Khalil Gibran, Der Prophet

275 Tanja Blixen
aus: Tanja Blixen, Schicksalsanekdoten. © 1982 Deutsche Verlags-An-
stalt GmbH, Stuttgart.

276 Dorothee Sölle
aus: Dorothee Sölle, Phantasie und Ungehorsam. Überlegungen zu
einer zukünftigen christlichen Ethik. © Dorothee Sölle, Hamburg.

277 Albert Schweitzer
aus: Albert Schweitzer, Geschichte der Leben-Jesu-Forschung, Bd. 2.
Siebenstern Taschenbuchverlag Hamburg 1966, S. 630.

278 Josef Zapf: Quelle unbekannt.

279 Dag Hammarskjöld aus: Zeichen, a.a.O., S. 51.

279 Dag Hammarskjöld aus: Zeichen, a.a.O., S. 89f.

280 Dietrich Bonhoeffer aus: Widerstand und Ergebung, a.a.O., S. 22f.

281 Marie Luise Kaschnitz aus: Überallnie, a.a.O.

282 Marie Luise Kaschnitz
     aus: Überallnie, a.a.O.
284 Erhart Kästner
     aus: Erhart Kästner, Aufstand der Dinge. © Insel Verlag, Frankfurt a.M.
     1975, S. 159ff.
285 Jean Gebser
     aus: a.a.O.
286 Nikos Kazantzakis
     aus: Nikos Kazantzakis, Im Zauber der griechischen Landschaft. © 1962
     by F. A. Herbig Verlagsbuchhandlung GmbH München, ins Deutsche
     übertragen von Isadora Rosenthal-Kamarinea.
287 Sydney Carter
     aus: J. Sudbrack, Zur religiösen Erfahrung des Tanzes, in: Geist und
     Leben (Zeitschrift für Christliche Spiritualität) 1975 (48). S. 392f.
289 Friedrich Nietzsche
     aus: Richard Bochinger, Allein den Betern kann es noch gelingen. Gü-
     tersloher Verlagshaus, Gütersloh 1966, S. 106f.
290 Leo Tolstoi: Quelle unbekannt.
291 Elie Wiesel aus: Elie Wiesel, Der Chassidismus – ein Fest für das Leben.
     © Verlag Herder, Freiburg 2000.
292 Friedrich Hölderlin: Herkunft unbekannt.
293 Gerhard Tersteegen
     aus: Gerhard Tersteegen, Wider die Melancholie. R. Brockhaus Verlag,
     Wuppertal 1985, S. 96.
295 Blaise Pascal
     aus: Blaise Pascal, Pensées. 9. Auflage, Gerlingen, Verlag Lambert Schnei-
     der, 1994, S. 248f. © Wissenschaftliche Buchgesellschaft, Darmstadt.
296 Johannes vom Kreuz: Quelle unbekannt.
297 Johannes vom Kreuz
     aus: Johannes vom Kreuz, hg. übers. u. eingel. v. Johannes Boldt. Walter-
     Verlag, Olten 1980, S. 112ff. Insel Verlag, Frankfurt a.M.
299 Teresa von Avila
     aus: Teresa von Avila, hg., übers. u. eingel. v. Ulrich Dobhan. Walter-Ver-
     lag, Olten 1979, S. 104f. Insel Verlag, Frankfurt a.M.

300 Martin Luther
aus: Martin Luther, Grund u. Ursach aller Artikel D. Martin Luthers, so durch römische Bullen unrechtlich verdammt sind, WA 7, S. 336.

300 Johannes Tauler
aus: Johannes Tauler, Predigten Bd. 1 u. 2. Vollständige Ausgabe übertr. u. hg. v. Georg Hoffmann, P. 26, S. 185. Johannes Verlag, Einsiedeln-Trier 1979.

301 Meister Eckehart aus: Predigten, a.a.O., S. 72.

301 Meister Eckehart aus: Predigten, a.a.O., S. 320, 16–21

301 Meister Eckehart
aus: Meister Eckehart. Die deutschen und lateinischen Werke. Hg. im Auftrag der Deutschen Forschungsgemeinschaft. Kohlhammer, Stuttgart ab 1939. DW 3, P. 81, S. 396, 2–5.

302 Mechthild von Magdeburg aus: Das fließende Licht, a.a.O., S. 84.

303 Gregor von Nyssa: Quelle unbekannt.

304 Mevlana Dschelâleddin Rumi

305 Quelle unbekannt

306 aus dem Aramäischen von Gabriele-Verena Siemers und Franz-Xaver Jans-Scheidegger in Anlehnung an Neil Douglas-Klotz, Das Vaterunser. Droemersche Verlagsanstalt Th. Knaur Nachf., München.

307 Karl Ferdinand Müller
aus: Leiturgia. Handbuch des Evangelischen Gottesdienstes, Bd. I. © Stauda-Verlag, Kassel 1955, S. 22 (gekürzt).

311 © Richard Riess, Bis der Morgen kommt. München 1991, S. 19.

312 Rose Ausländer
aus: a.a.O.

313 Rose Ausländer aus: a.a.O.

314 Judith Herzberg
aus: Judith Herzberg, Tagesreste – Gedichte (zweisprachig) Erato Druck 24 im Agora Verlag, Berlin 1986, S. 75 („Möwen" übers. v. Rosemarie Still).

315 Nelly Sachs aus: Fahrt, a.a.O., S. 82f.

316 Saʿdî Yûsuf
aus: Die Farbe der Ferne. Moderne arabische Dichtung, hg. v. Stefan Weidner. C.H. Beck Verlag, München 2000, S. 110.

317   Agnes Kunze aus: Glaube, a.a.O.

318   Hilde Domin aus: a.a.O.

319   Anne Frank
      aus: Anne Frank Tagebuch, Eintrag vom Mittwoch, 23. Februar 1944.
      Einzig autorisierte und ergänzte Fassung Otto H. Frank und Mirjam
      Pressler. ©1991 by ANNE-FRANK-Fonds, Basel. Alle Rechte vorbehalten
      S. Fischer Verlag GmbH, Frankfurt a.M.

320   Ein jüdisches Gebet aus dem KZ aus: Loccumer Protokolle 2/1974.

321   Helmut James Graf von Moltke: Quelle unbekannt

322   Ernst Munzinger, Oberstleutnant, beteiligt am 20. Juli 1944,
      aus: Manfred Schlösser/HR Ropertz (Hg.) An den Wind geschrieben.
      Lyrik der Freiheit-Gedichte aus den Jahren 1933–45. Agora Verlag Berlin
      1960, 4. Aufl. 1982 (= Schriftenreihe Agora 13/14), S. 122.

323   Heinz Piontek
      aus: Heinz Piontek, Früh im September. Franz Schneekluth Verlag, Mün-
      chen 1980. © Heinz Piontek.

324   Kurt Marti
      aus: Kurt Marti, O Gott. © 1986 by Radius-Verlag, Olgastr. 114, 70180
      Stuttgart.

325   Kurt Marti
      aus: Kurt Marti, O Gott. a.a.O.

326   Kurt Marti
      aus: Der Traum, geboren zu sein. a.a.O.

327   Richard Exner
      aus: Richard Exner: Gedichte 1953–1991. 1994 by Radius-Verlag,
      Stuttgart.

328   Dorothee Sölle
      aus: Fliegen lernen – Gedichte, Wolfgang Fietkau Verlag, Berlin 1979, S. 35.

329   Dorothee Sölle aus: verrückt nach licht, a.a.O., S. 147.

330   Celso Emilio Ferreiro: Quelle unbekannt.

331   Eva Zeller
      aus: Eva Zeller, Fliehkraft. © Deutsche Verlagsanstalt, Stuttgart 1975,
      S. 85.

332   Heinz Kattner aus: Unauffälliges Zittern, a.a.O.

333 Rudolf Otto Wiemer
© Rudolf Otto Wiemer, Erben, Hildesheim.

334 Marie-Luise Kaschnitz
aus: Überallnie, a.a.O.

338 Marie-Luise Kaschnitz aus: Überallnie, a.a.O.

339 Marie-Luise Kaschnitz aus: Überallnie, a.a.O.

341 Antoine de Saint-Exupéry
aus: Antoine de Saint-Exupéry, Gebete der Einsamkeit. © 1956 Karl Rauch Verlag, Düsseldorf.

342 Dietrich Bonhoeffer
aus: Widerstand und Ergebung, a.a.O.

344 Berthold Brecht
aus: Berthold Brecht, Werke. Große kommentierte Berliner und Frankfurter Ausgabe. © Suhrkamp Verlag, Frankfurt a.M. 1988.

345 Nelly Sachs aus: Fahrt, a.a.O., S. 276f.

346 Nelly Sachs aus: Fahrt, a.a.O., S. 256.

347 Paul Celan
aus: Paul Celan, Mohn und Gedächtnis, © Deutsche Verlagsanstalt, Stuttgart 1952.

349 Paul Celan aus: a.a.O.

350 Marie Noël aus: Erfahrungen, a.a.O.

351 Marie Noël aus: Erfahrungen, a.a.O.

352 Reinhold Schneider
aus: Reinhold Schneider, Die Gedichte. © Insel Verlag, Frankfurt a.M. 1981, S. 54.

353 Gertrud von le Fort
aus: Gertrud von le Fort, Gedichte und Aphorismen. © 1988 Verlagsgruppe Lübbe GmbH & Co. KG, Bergisch Gladbach.

353 Dag Hammarskjöld aus: Zeichen, a.a.O., S. 86.

354 Hermann Hesse aus: Gedichte, a.a.O., S. 676.

355 Rainer Maria Rilke
aus: Rainer Maria Rilke, Briefe an einen jungen Dichter. Inselbücherei Nr. 406, S. 21.

355 Friedrich Hölderlin: Quelle unbekannt.

356 Zenkei Shibayama
aus: Zenkei Shibayama, Zu den Quellen des Zen. © 1974 by Zenkei Shibayama, © 1976 by Scherz Verlag, Bern für O.W. Barth-Verlag.

357 Elie Wiesel aus: Feier, a.a.O., S. 12f.

359 Karl Rahner
aus: Karl Rahner, Wenn einmal wird, was sein soll. © Verlag Herder, Freiburg.

361 Martin Luther
aus: Martin Luther Vorrede über das 1. Buch Mose. WA 24, S. 18.

362 Martin Luther, Quelle unbekannt.

363 Janet Morley aus: Preisen will ich, a.a.O., S. 89.

363 Janet Morley aus: Preisen will ich, a.a.O., S. 89.

Da die in diesem Band vorgestellten Texte über Jahre hinweg gesammelt wurden, war es nicht in jedem Fall möglich, die ursprüngliche Quelle nachzuweisen. Für Hinweise sind wir dankbar. Rechtsansprüche bleiben gewahrt. Das Lutherische Verlagshaus dankt den Autoren und Verlagen für ihre Mitarbeit bzw. Abdruckgenehmigung.

TITELREGISTER

NAMENSREGISTER